NTF pour les débutants

Dévoiler les secrets de ces nouveaux actifs numériques et ses avantages. Guide pour commencer à investir et à réaliser des profits en spéculant sur les NTF.

Table des matières

CHAPITRE 1: BLOCKCHAIN

Une blockchain est essentiellement un ensemble de données circulant d'enregistrements ou d'enregistrements publics, tout étant égal, ou d'occasions informatisées qui ont été exécutées et divisées entre les parties prenantes. Chaque échange dans l'enregistrement public est vérifié par l'accord d'une grande partie des membres du cadre. En outre, une fois saisies, les données ne peuvent jamais être effacées. La blockchain contient un enregistrement certain et irréfutable de chaque échange effectué à tout moment. Le bitcoin, la monnaie informatisée décentralisée de pair à pair, est le modèle le plus célèbre qui utilise l'innovation blockchain. L'avance des fonds dans le Bitcoin lui-même est exceptionnellement douteuse, mais l'innovation de base de la blockchain a fonctionné sans problème et a découvert un large éventail d'utilisations dans le monde monétaire et non financier.

La principale hypothèse est que la blockchain met en place un processus permettant de conclure un accord approprié dans le monde en ligne informatisé . Cela permet aux parties prenantes de savoir avec certitude qu'un événement informatisé a eu lieu en l'enregistrant de manière évidente dans un registre public. Il ouvre la voie à la promotion d'une économie avancée ouverte et adaptable, régie par la majorité, à partir d'une économie unifiée. Il y a des libertés gigantesques dans cette innovation difficile et la transformation dans cet espace a commencé très récemment. Ce livre blanc présente l'innovation blockchain et certaines applications explicites convaincantes dans le domaine monétaire et non financier. Nous examinons ensuite les difficultés à venir et les débouchés commerciaux de cette innovation principale qui est sur le point de bouleverser notre monde informatisé. Une blockchain est essentiellement un ensemble de données circulant d'enregistrements ou d'archives publiques, toutes choses égales par ailleurs, ou d'occasions informatisées qui ont été exécutées et réparties entre les parties prenantes. Chaque échange dans l'enregistrement public est confirmé par l'accord d'une grande partie des membres du cadre. En outre, une fois inscrites, les données ne peuvent jamais être effacées. La blockchain contient un enregistrement certain et incontestable de chaque échange effectué à tout moment. Pour utiliser une relation essentielle, il n'est pas difficile de prendre une friandise d'un récipient de friandises, gardé dans un endroit confiné, que de prendre la friandise d'un récipient de friandises gardé dans un centre commercial, vu par un grand nombre d'individus.

Le bitcoin est le modèle le plus connu qui est caractéristique de l'innovation blockchain. Il s'agit également du modèle le plus douteux, car il contribue à l'autonomisation d'un marché mondial de plusieurs milliards de dollars d'échanges inconnus, sans aucun contrôle législatif. Par la suite, elle doit gérer diverses questions administratives, y compris les États publics et les organisations monétaires. Quoi qu'il en soit, l'innovation Blockchain en elle-même est incontestable et a fonctionné impeccablement sur le long terme. Elle est en effet appliquée efficacement aux applications monétaires et non monétaires du monde. L'année dernière, Marc Andreessen, le doyen des hommes d'affaires de la Silicon Valley, a enregistré le modèle d'accord dispersé blockchain comme la principale création depuis l'Internet actuel. Johann Palychata de BNP Paribas a écrit dans le magazine Quintessence que la blockchain du bitcoin, le produit qui permet à l'argent informatisé d'avoir une capacité, doit être considérée comme un développement comme la vapeur ou le moteur à combustion qui peut éventuellement changer l'univers de l'argent et même plus. L'économie avancée actuelle dépend de la dépendance d'un pouvoir confiant spécifique. Tous nos échanges sur le web dépendent de la confiance que nous accordons à quelqu'un. Il peut s'agir d'une organisation spécialisée dans les courriers électroniques qui nous fait savoir que nos courriers électroniques ont été transmis ; il peut s'agir d'une autorité de certification qui nous fait savoir qu'un certificat informatique spécifique est fiable ; ou il peut très bien s'agir d'une communauté informelle, par exemple Facebook, qui nous fait savoir que nos messages concernant les événements de notre vie ont été partagés distinctement avec nos compagnons ; ou encore, il peut s'agir d'une banque qui nous fait savoir que notre argent a été transmis de manière fiable à nos chéris dans un pays lointain. La vérité est que nous poursuivons notre vie de manière instable dans le monde avancé en dépendant d'une substance tierce pour la sécurité et la protection de nos ressources informatiques. La réalité reste que ces sources extérieures peuvent être piratées, contrôlées ou compromises.

C'est là que l'innovation blockchain entre en jeu. Elle peut éventuellement changer le monde avancé en permettant un accord dispersé où chaque échange sur Internet, à différents moments, y compris les ressources informatiques, peut être confirmé à tout moment par la suite. Cela se fait sans compromettre la sécurité des ressources avancées et des rassemblements inclus. L'accord dispersé et l'anonymat sont deux qualités importantes de l'innovation blockchain. Les avantages de l'innovation blockchain compensent les problèmes administratifs et les difficultés spécifiques. L'un des principaux exemples d'utilisation de l'innovation blockchain est celui des "accords brillants". Les accords Shrewed sont essentiellement des programmes informatiques capables d'exécuter naturellement les particularités d'un accord. Lorsqu'une condition préétablie dans un accord brillant entre des éléments participants est remplie, les groupes associés à un accord autorisé peuvent alors effectuer des versements conformément à l'accord de manière simple. Savvy Property est une autre idée connexe qui concerne le contrôle de la responsabilité de la propriété ou de la ressource au moyen de la blockchain en utilisant des contrats intelligents. Le bien peut être physique, comme un véhicule, une maison, un téléphone portable, etc., ou immatériel, comme des parties d'une organisation. Il convient de noter ici que même le bitcoin n'est pas réellement une monnaie - le bitcoin est lié au contrôle de la responsabilité.

L'innovation blockchain découvre des applications dans un large éventail de domaines, tant financiers que non monétaires.

Pour l'instant, les institutions financières et les banques ne considèrent pas l'innovation blockchain comme un danger pour les plans d'action traditionnels. À vrai dire, les plus grandes banques du monde sont à la recherche de circonstances prometteuses en menant des recherches sur des applications blockchain inventives. Lors d'une nouvelle réunion, Rain Lohmus, de la banque estonienne LHV, a indiqué qu'il considérait la blockchain comme la solution la plus éprouvée et la plus sûre pour certaines applications bancaires et financières.

Les perspectives d'applications non financières sont également illimitées. Nous pouvons imaginer de mettre dans la blockchain la confirmation de la présence de chaque archive officielle, des dossiers de santé, des versements de dévotion dans le secteur de la musique, des comptables publics, des protections privées et des licences de mariage. En mettant de côté l'empreinte digitale unique de la ressource avancée plutôt que la ressource informatisée elle-même, l'objectif d'anonymat ou de sécurité peut être atteint.

Dans ce rapport, nous nous concentrons sur la perturbation à laquelle chaque industrie de l'économie avancée actuelle est confrontée aujourd'hui en raison de l'essor de l'innovation blockchain. L'innovation blockchain peut éventuellement devenir le nouveau moteur de développement de l'économie informatisée où nous utilisons progressivement Internet pour diriger le commerce avancé et offrir nos propres informations et occasions de vie. Il y a des libertés gigantesques dans cet espace et l'insurrection dans cet espace a commencé très récemment. Dans ce rapport, nous nous concentrons sur la quasi-totalité des utilisations critiques de l'innovation Blockchain dans le domaine du notariat, de l'assurance, des protections privées et sur la quasi-totalité des autres applications non monétaires intrigantes. Nous commençons par décrire une série d'expériences et l'innovation actuelle.

les avantages de Blockchain

a. Le plus grand avantage de la blockchain est peut-être la diffusion, qui permet de partager un ensemble de données sans organe ou élément central. Compte tenu de l'idée décentralisée de la blockchain, il est extrêmement difficile de traiter l'information, contrairement à un ensemble de données ordinaires.

b. Les clients ont la possibilité de contrôler leurs données et leurs échanges.

c. Les blockchains fournissent des informations totales, prévisibles et prospectives sans exactitude.

d. Puisque la blockchain n'a pas de problème essentiel de déception en raison de son organisation décentralisée, elle peut résister à tout assaut de sécurité.

e. Comme aucune autorité centrale n'est requise, les clients peuvent être assurés qu'un échange sera exécuté conformément aux ordres de la convention.

f. Les Blockchains assurent la transparence et l'invariabilité des échanges, car chacun d'entre eux ne peut être ni modifié ni effacé.

g. Les associations partagées de Blockchain aident à reconnaître les exercices de fausse représentation dans l'organisation et l'accord transmis. Il est extrêmement difficile d'attaquer une organisation, car un assaillant ne peut l'affecter que s'il traite 51 % des hubs.

h. En utilisant la blockchain, les informations commerciales sensibles peuvent être sécurisées en utilisant un cryptage de bout en bout.
i. Les clients d'une blockchain peuvent sans problème suivre l'historique de n'importe quel échange car tous les échanges d'une blockchain sont soigneusement organisés.

j. Les blockchains sont polyvalentes face aux attaques numériques en raison de leur nature partagée et l'organisation fonctionnerait dans tous les cas, même si une partie des centres est déconnectée ou subit une attaque de sécurité.

k. Plusieurs copies de l'information peuvent être conservées dans la blockchain et les clients peuvent donc essayer de ne pas stocker des informations sensibles en un seul endroit.

1. En général, les clients feront davantage confiance au cadre de la blockchain en raison de sa sécurité accrue.

CHAPITRE 2 : DEFI

Si nous pouvons envoyer des courriels à pratiquement tout le monde sur la planète, pourquoi ne pourrions-nous pas leur envoyer de l'argent simplement ? Ou encore leur offrir une avance ? Ces questions sont à la base des convictions, des exercices et des objectifs de Decentralized Finance (DeFi). DeFi fait donc allusion à un environnement d'applications monétaires qui reposent sur une blockchain. Son objectif commun est de créer et de travailler de manière décentralisée, sans délégués comme les banques, les coopératives spécialisées dans les paiements ou les subventions à la spéculation, un large éventail d'administrations monétaires sur un réseau de blockchain simple et fiable. Le domaine du DeFi connaît actuellement une vague extraordinaire. Plusieurs milliards de dollars américains (USD), une valeur qui s'est multipliée tout au long de la dernière période en juin 2020, ont été envoyés à travers un assortiment d'applications DeFi qui proposent des administrations de prêt et d'obtention, des administrations de commerce, des administrations financières liées à l'argent, des administrations de "tokenisation", ou d'autres instruments monétaires, par exemple, des filiales et des marchés de prévision. En ce sens, DeFi est tout sauf quelque chose de particulier, mais plutôt un assortiment inexactement caractérisé de pensées et de tâches visant à remodeler les administrations monétaires grâce à l'innovation blockchain, éliminant par conséquent les médiateurs. Son potentiel inquiétant a porté DeFi sous les feux de la rampe des réseaux blockchain et fintech, et progressivement aussi à la considération des prêteurs conventionnels et des décideurs politiques. Néanmoins, il semble que ces différents groupes n'aient pas une compréhension typique de ce qu'est et de ce que n'est pas DeFi, ni de la manière dont DeFi peut surmonter les importants obstacles spécialisés, fonctionnels et administratifs qui remettent en cause la suite des événements. Nous sommes convaincus que le développement et la réussite de DeFi sont indissociables d'un échange, d'une collaboration et d'un rapprochement plus importants avec les partenaires politiques, les chefs d'administration, l'argent ordinaire et la fintech. En tant qu'association commerciale intersectorielle et plus grande organisation technologique d'Europe, nous devons contribuer à cette direction, mais aussi créer et soutenir la collaboration dans tous les cas. C'est la raison pour laquelle nous avons choisi de rédiger un livre blanc pour nous préparer à d'autres conversations, réunions de réseau et conseils stratégiques.

CHAPITRE 3: NFT

Les jetons non fongibles (NFT) sont des privilèges transférables à des ressources informatiques, comme l'artisanat, les objets du jeu, les objets de collection ou la musique. La merveille et ses secteurs d'activité se sont fondamentalement développés depuis le milieu de l'année 2021. Nous explorons les interrelations entre les transactions NFT, les clients NFT et l'estimation du Bitcoin et de l'Ether. En utilisant des informations quotidiennes entre janvier 2018 et avril 2021, nous montrons qu'un choc du coût du bitcoin déclenche une expansion des transactions NFT. En outre, les chocs de valeur de l'Ether diminuent la quantité de portefeuilles NFT dynamiques. Les résultats recommandent que les marchés de devises numériques influencent le développement et l'amélioration du marché NFT, mais il n'y a pas d'impact opposé. Des exemples notables de jetons non fongibles (NFT), par exemple l'artisan Beeple qui a vendu une pièce d'artisanat informatisée pour 69 millions de dollars ou le PDG de Twitter Jack Dorsey qui a vendu son tout premier tweet pour 2,9 millions de dollars, montrent que les NFT ont obtenu une considération standard. Les NFT sont des déclarations spéciales de crédibilité sur les blockchains qui sont généralement données par les fabricants des ressources cachées. Ces ressources peuvent être de nature avancée ou physique. Les produits fongibles, par exemple l'argent ou les marchandises d'échange, peuvent être échangés contre des produits de même nature. Paradoxalement, les choses non fongibles ne peuvent pas être échangées contre des produits de même nature, car leur valeur est supérieure à leur valeur matérielle authentique. Les modèles du monde simple comprennent des objets d'une importance imaginaire ou authentique, ou des cartes d'échange peu communes, qui ont tous une longue histoire d'échanges et de centres commerciaux différents. Dans le monde avancé, il a été jusqu'à présent difficile d'échanger et de vendre des produits non fongibles car leur légitimité était difficile à confirmer. Les NFT préparent actuellement la numérisation et l'échange de qualités intéressantes sur le web. En moins d'un an, d'innombrables NFT d'une valeur de plus de 800 millions de dollars ont été échangés.

La plupart d'entre eux faisaient allusion à des travaux informatiques, des objets de collection, de la musique, des éléments de jeu ou des métaverses. Comme les monnaies cryptographiques et les autres types de jetons, les NFT dépendent de l'innovation blockchain et des contrats intelligents comme leur cadre informatique ; néanmoins, ils diffèrent fondamentalement des monnaies numériques conventionnelles comme le Bitcoin ou l'Ethereum à différents égards. Les NFT ne sont pas une monnaie, une marchandise ou une innovation mais une ressource. Outre la base innovante normale, les centres commerciaux de NFT, par exemple OpenSea ou Rarible, utilisent la monnaie numérique, le plus souvent l'Ether (ETH), comme alternative de versement et d'échange, ce qui prouve qu'il existe un lien étroit entre le marché de la monnaie numérique et le marché des NFT. Si les clients utilisent régulièrement la monnaie numérique pour acheter des NFT, il est raisonnable d'accepter que le marché de la monnaie numérique affecte le marché plus modeste des NFT. Dowling estime que tout individu dynamique sur le marché des NFT perçoit la forte interaction entre les membres de ces deux secteurs d'activité. Accéder aux monnaies numériques et les utiliser est une tâche époustouflante ; par conséquent, les individus qui ont dominé ce marché sont tenus de participer également au marché des NFT.

Il n'y a pas beaucoup d'examens antérieurs sur les parties monétaires des marchés NFT. Nadini cartographie le système biologique NFT dépendant de Decentraland, qui permet l'échange de parcelles de terrain informatisées dans un multivers basé sur la blockchain. Dans une autre étude, Dowling utilise l'examen de la rationalité des ondelettes pour reconnaître tout co-développement entre la monnaie numérique et les marchés NFT. Il analyse trois sous-marchés NFT importants, tout comme les coûts du Bitcoin et de l'Ether. Les résultats proposent que la conduite d'évaluation de la monnaie cryptographique peut aider à comprendre les conceptions d'estimation des NFT. Dans cette optique, l'objet de la présente étude est d'explorer comment les secteurs d'activité des NFT et des formes cryptographiques de monnaie sont liés. Nous extrayons des informations à grande échelle sur le marché des NFT basés sur l'Ethereum, plus précisément le volume d'échange de tous les NFT en USD et la quantité de portefeuilles blockchain participant au marché des NFT (vendeurs et acheteurs), et nous décomposons la façon dont ceux-ci s'identifient à l'évaluation du Bitcoin et de l'Ethereum en utilisant un modèle vectoriel auto-régressif cointégré, par exemple un modèle vectoriel de rectification des erreurs. Cela nous permet de reconnaître à quel point ces secteurs d'activité ont un impact l'un sur l'autre, ou co-mouvement. Nos informations sur le volume d'échange et les clients devraient permettre une meilleure compréhension de la merveille NFT, avec l'exploration actuelle qui se concentre sur l'évaluation des parties des sous-marchés NFT. Nous prévoyons d'expliquer l'effet de l'évolution des coûts du Bitcoin et de l'Ethereum sur le marché des NFT, ce qui aidera à comprendre l'effet ou l'impact de débordement des plus grands marchés de la monnaie cryptographique sur le marché plus modeste des NFT. Il semble possible que le Bitcoin, en tant que chef de file du marché, dirige le marché des NFT, comme il le fait ou le faisait pour d'autres formes de monnaie numérique. Nous souhaitons également déterminer si les chocs de demande sur le marché des NFT influencent l'évaluation des formes cryptographiques de monnaie. Les résultats s'ajoutent aux exemples appris sur le co-développement et le débordement de secteurs commerciaux ou de ressources basés sur la blockchain, et l'utilisation d'informations sur les liens pour évaluer les secteurs commerciaux basés sur la blockchain et leur productivité. Cela nous amène aux jetons non fongibles (NFT). Qu'est-ce qu'ils sont, et en quoi sont-ils différents des ressources informatiques non fongibles comme les noms d'espace ou les pseudos Twitter ? Les jetons non fongibles sont une sorte de jeton étonnamment incroyable qui prend en compte une manière adaptable d'adresser les ressources non fongibles sur une blockchain. Leurs principales propriétés sont les suivantes :

Exceptionnel : Les jetons non fongibles contiennent dans leur code des données qui décrivent les propriétés de chaque symbole qui les rendent différents des autres. Une pièce d'artisanat de pointe peut contenir des données codées sur des pixels individuels, tandis que les objets de jeu symbolisés peuvent contenir des subtilités qui permettent au client du jeu de comprendre quel objet le joueur réclame et quels sont ses crédits.

Discernable : Chaque NFT possède un historique des échanges sur la chaîne, depuis sa création jusqu'à chaque fois qu'il a été modifié. Cela implique que chaque jeton peut être certainement légitime, et non un faux - ce qui est clairement vital pour les propriétaires et les acheteurs à venir !

Hors du commun : Pour que les jetons non fongibles soient attrayants pour les acheteurs, ils doivent être prouvés rares. Cela garantira que les ressources restent attrayantes à long terme et que l'offre ne dépasse pas la demande.

Inséparable : Les NFT ne peuvent généralement pas être exécutées en tant que parties d'un tout. De la même manière que l'on ne peut pas acheter la moitié d'un ticket de spectacle ou d'une carte de change, les jetons non fongibles ne peuvent pas être divisés en catégories plus modestes.

Programmable : Comme toutes les ressources informatiques coutumières et les jetons basés sur des blockchains à accord brillant, les NFT sont entièrement programmables. CryptoKitties et Axie Infinity ont des mécanismes de reproduction codés directement dans leurs jetons. Une utilité bien plus grande est concevable.

En fin de compte, les NFTs consolident les meilleures caractéristiques de l'innovation de la blockchain décentralisée avec des ressources non fongibles. Contrairement aux ressources informatiques standard qui sont données et gérées par des éléments concentrés et qui peuvent vous être retirées à tout moment, il est possible de revendiquer et de contrôler réellement ses propres NFT.

Conversation sur les avantages et les difficultés générales des NFT

Outre nos découvertes liées à l'exemple d'utilisation du marquage d'occasion, notre examen écrit et nos entretiens avec des maîtres ont mis en évidence d'autres avantages et difficultés pour les NFT en général. Nous évoquons ici brièvement ces révélations et présentons des moyens probables de surmonter chacun des problèmes que nous avons découverts. L'un des principaux avantages des NFT est qu'ils traitent la question de l'unicité mieux que tout autre instrument basé sur la blockchain auparavant. Ils peuvent contribuer à rendre les ressources programmables et à améliorer la liquidité et la sécurité. Dans tous les cas, pour les ressources ayant des perspectives fongibles spécifiques, une séparation supérieure peut être accomplie si les NFT sont utilisés à la place des jetons fongibles. Grâce à ces avantages, les NFT permettent de nouveaux cas d'utilisation de l'innovation blockchain et peuvent éventuellement fonctionner sur les cadres blockchain existants en les améliorant. Deux cas d'utilisation principaux peuvent être reconnus. Tout d'abord, la tokénisation de marchandises de pointe est un cas idéal pour les NFT, car ils peuvent garantir la réalité et l'unicité. Les billets peuvent être considérés comme un tas de libertés et, par conséquent, la tokenisation des privilèges en général peut être considérée comme un cas d'utilisation réalisable pour les cadres basés sur la blockchain et, explicitement, pour les NFT. Au cours de l'examen de l'écriture de dim, nous avons découvert quelques cas d'utilisation qui donnent une preuve supplémentaire de la valeur des NFT, par exemple, l'activation de nouveaux plans d'action pour les licences de programmation et un nouveau type de possession dans l'artisanat avancé. Deuxièmement, les NFT sont incontestablement adaptées à la gestion des ressources réelles dans le domaine de l'informatique. Une expansion subséquente de la simplicité de la propriété profite aux contrôleurs. Néanmoins, pour surmonter toute barrière entre le monde physique et le monde informatique, des éléments supplémentaires, par exemple des capteurs intelligents, sont fondamentaux.

Toutefois, l'utilisation des NFT présente quelques difficultés. Comme ils ne sont qu'un morceau normalisé de code de programmation exécuté sur une blockchain, ils sont profondément soumis aux propriétés de la convention fondamentale de la blockchain. Tout ce que vous pouvez faire avec les NFT est habilité par Ethereum, et tout ce que vous ne pouvez pas faire n'est pas habilité par Ethereum. L'une des plus grandes difficultés de l'Ethereum est son adaptabilité limitée. Néanmoins, nous avons constaté que des arrangements qui battent ce test existent dès à présent, par exemple, en utilisant des canaux d'état. Si ce problème est réglé, les NFT devraient être incroyablement adaptables, car les tests ont révélé qu'un seul accord peut traiter 2128 NFT sans problème. Un autre test est la difficulté du plan de protection par rapport à la blockchain sans permission. Différents scientifiques ont montré que la protection n'est pas assurée, car il est possible d'exploiter des informations pseudonymes sur des blockchains ouvertes, où la franchise et la communauté sont des éléments clés. Cependant, l'avancement de nouvelles innovations encourageantes, par exemple les preuves d'information zéro (ZKP), progresse et permettra de résoudre ce problème ultérieurement. La ZKP est une technique cryptographique permettant de vérifier à une autre partie des propriétés spécifiques sans les dévoiler. Un groupe dévoué de la société EY a vérifié très tôt que la protection est possible pour les NFT. Il a utilisé les ZKP en combinaison avec les NFT pour effectuer des échanges de valeurs privées. De plus, les NFTs ont besoin d'une ouverture simple pour les clients de détail car ils sont une partie dorsale et ne donnent pas une interface facile à comprendre. La nécessité de payer du gaz pour chaque appel de capacité, qui est évalué en Ether, rend difficile l'utilisation des cadres basés sur la blockchain, en tout cas pour les clients expérimentés. Par conséquent, les clients doivent acheter de la monnaie cryptographique pour payer les frais d'échange, même si le plan d'action n'est généralement pas facturé aux clients de détail. Quoi qu'il en soit, une nouvelle proposition d'amélioration d'Ethereum (EIP) appelée "Corner stores Network", qui permet aux accords enthousiastes de payer les frais d'essence plutôt que le client, montre que ce problème peut être réglé. Le coût du gaz change et le coût de la monnaie numérique Ether est exceptionnellement instable. Il est donc exceptionnellement difficile pour les clients de détail de calculer les coûts en fonction de normes monétaires fiat comme l'USD. Un moyen probable de surmonter ce test est d'utiliser des monnaies stables décentralisées, par exemple Dai, qui tentent de reprendre la valeur de la monnaie fiduciaire et libèrent ainsi les clients du risque monétaire et de l'effort mental liés à la fluctuation des taux de change. Un autre test important pour l'utilisation des cadres basés sur la blockchain est l'applicabilité légale limitée. Alors que le propriétaire d'un jeton peut compter sur la réalité, la possession légale et l'utilisation des libertés abordées par les NFT sont une autre question. Pour qu'un cadre basé sur la blockchain soit véritablement sans confiance, l'exactitude et l'authenticité légales dans le climat institutionnel actuel sont nécessaires. En outre, comme les NFT sont une merveille extrêmement jeune, les personnes qui comprennent les NFT sont exceptionnellement rares et le langage utilisé dans

l'espace blockchain est exceptionnellement spécialisé et, pour la plupart, n'est pas connu par la majorité de la société.
Pendant le développement de l'antiquité, nous avons découvert un problème régulier pour les NFTs en ce qui concerne la formation de jetons. Pas du tout comme pour les jetons fongibles, pour les NFTs, il est impossible de s'attendre à fabriquer immédiatement de nombreux jetons. L'estampillage individuel des NFT est difficile et coûteux, car il nécessite une grande force de calcul, ce qui entraîne des coûts élevés de gaz. Un arrangement que nous avons trouvé et appliqué consiste à fabriquer les jetons uniquement lorsque les acheteurs le demandent et le paient. Un autre test est le cycle en deux étapes des échanges de soutien avant que l'échange réel puisse avoir lieu. Une réponse généralement utilisée consiste à déplacer brièvement les NFT vers un accord de centre commercial qui s'occupe des échanges, mais cette méthodologie présente quelques inconvénients. La manière dont la possession symbolique est brièvement éloignée du propriétaire représente un problème dans certains cas d'utilisation et la sécurité peut en être affectée. De même, chaque échange supplémentaire coûte du gaz et diminue l'efficacité. En outre, l'idée d'accords astucieux permet généralement d'élargir facilement le cadre avec de nouveaux composants. Néanmoins, le remaniement des contrats intelligents existants comporte différents risques spécialisés et fonctionnels et coûte de l'argent. Le recours à des structures de développement telles qu'OpenZeppelin et Truffle permet essentiellement d'améliorer la méthodologie de refonte et de réduire les risques.

En résumé, les NFT permettent d'adopter de nouvelles approches avantageuses pour traiter avec soin les ressources informatiques et réelles. Toutefois, de nombreuses difficultés doivent encore être résolues. Les NFT dépendent de l'innovation blockchain, qui n'en est encore qu'à ses débuts et n'est pas encore prête. En raison de ces difficultés, nous pensons que son rôle devrait être limité à une partie dorsale au lieu d'être directement visible pour les clients de détail. Quoi qu'il en soit, nous considérons les NFT comme une partie exceptionnellement importante des cadres basés sur les blockchains, avec la possibilité de mettre en œuvre des cas d'utilisation beaucoup plus utiles que celui examiné dans cet article.

CHAPITRE 4 : CRÉER UN NFT

Nous allons passer en revue, petit à petit, la création d'un NFT et son estampillage sans aucune préparation. Peu importe que vous soyez un noob fini, vous pouvez le faire. Aucune expérience antérieure en matière de NFT, de blockchain ou de spécialisation n'est indispensable. Dans cette optique, préparez-vous à rejoindre la frénésie des NFT.

Les principaux projets pour y parvenir sont les suivants :

- Créer la substance fondamentale et les différentes parties de votre NFT.
- Créer un portefeuille de monnaie cryptographique (explicitement un portefeuille MetaMask)
- Créer un enregistrement sur OpenSea (le plus grand centre commercial de NFT)
- Créer un assortiment sur OpenSea
- Miner votre NFT sur OpenSea

Créer les aspects de votre NFT

L'étape initiale consiste à créer toutes les parties de votre NFT. Les NFTs peuvent avoir les points de vue suivants en général :

- Contenu principal
- Nom

- Contenu de l'aperçu
- Description
- Traits
- Substance déverrouillable
- Avantages
- Éminence permanente
- Approvisionnement
- Interface externe

Contenu fondamental

C'est l'étape la plus importante de la réalisation de votre NFT, car la substance primaire est le cœur de votre NFT. Les Meebits, par exemple, utilisent des images de personnages en 3D comme substance primaire, les acheteurs étant prêts à ouvrir les véritables documents en 3D une fois qu'ils possèdent le Meebit. Fabriqués par des individus de Larva Labs, connus pour leurs CryptoPunks, les Meebits sont 20 000 personnages produits par l'intelligence artificielle (IA), avec des raretés fluctuantes. L'idée derrière les Meebits est de permettre aux individus d'utiliser ces personnages comme symboles dans les univers virtuels, les jeux vidéo et la réalité augmentée (VR). Ainsi, les

propriétaires ouvrent un document OBJ leur permettant de mettre le personnage en mouvement et de faire une démonstration de programmation. Cependant, la substance fondamentale est une image de base que les individus peuvent utiliser pour afficher leur assortiment. Il peut être très difficile de voir des projets de création de fonctionnalités comme Meebits et de se dire : "Je ne pourrais en aucun cas faire quelque chose d'aussi engageant pour l'extérieur". Mais ne vous inquiétez pas, vous pouvez rester simple et simplement prendre une photo ou une vidéo avec votre téléphone ou utiliser une photo ou une vidéo de l'écran de votre téléphone.
Si vous vous sentez inventif, vous pouvez réaliser une pièce d'artisanat avancée. Si vous aimez dessiner ou utiliser des matériaux traditionnels, allez-y et faites-le, puis sortez (ou prenez une photo) de votre création imaginative pour en faire un enregistrement avancé. Si vous préférez réaliser un travail d'artisanat avancé sur un support informatique, vous pouvez utiliser ces projets, sites et applications de programmation gratuits :

- Krita (Krita.org), programmation téléchargeable pour Mac, PC et Linux.
- Infinite Painter, application pour iOS et Android
- Bomomo.com, un site pour la fabrication d'objets artisanaux uniques
- Pixelart.com, un site de création de pixels.

Dans la mesure où les composants de votre photographie ou de votre œuvre d'art sont compatibles, toute taille devrait convenir. Dans tous les cas, notez qu'une taille plus grande serait supérieure à une taille plus modeste, afin que l'image puisse être affichée sur des écrans géants. Quoi qu'il en soit, il ne s'agit pas d'un prérequis absolu. L'image doit être à peu près aussi bonne que possible, mais n'oubliez pas que les centres commerciaux ont une limite de taille de document. Nous allons miner votre NFT sur OpenSea, qui autorise une taille de document extrême de 40 MB. Parfois, la substance fondamentale du NFT se trouve dans la substance capable de s'ouvrir, auquel cas vous aurez de toute façon besoin d'une image pour le NFT. Par exemple, Matt a réalisé un NFT à partir d'un bref récit qu'il a composé pour un devoir en 8ème année. L'histoire est dans la substance ouverte, et l'image principale est la couverture qu'il a dessinée pour l'histoire.

Nom

Le nom de votre NFT est fondamental et ne doit pas être ignoré, car il s'agit du principal moyen d'accrocher dans le centre commercial bondé. Au moment où Sarah Meyohas s'est lancée dans les NFT en 2015, l'artisan appliqué a fait bouger les choses avec le nom de son œuvre : Bitchcoin. Dans un entretien avec Yahoo Finance, Sarah décrit Bitchcoin comme "une œuvre d'art, un modèle de subventionnement sérieux présentant la blockchain, la tokenisation et une prévision humoristique de l'ification d'images dans le domaine de l'œuvre d'art convaincante." Après six ans, ces modèles sont devenus difficiles à ignorer. Le bitcoin a été conçu comme une monnaie que les autorités pouvaient utiliser pour réclamer les œuvres d'art réelles de Sarah dans son assortiment "Haze of Petals" ou pour les détenir à titre de spéculation. Aujourd'hui, la monnaie cryptographique et les autorités NFT ont donné raison à Sarah, en penchant pour tout ce qui est amusant ou "imagé" dans cet espace. En outre, le jeu de mots Bitchcoin a reçu un accueil favorable de la part des autorités, car le nom attire l'attention, tandis que le savoir-faire et l'histoire ajoutent de la substance.

Pour les motivations de cette section, nous ferons un spécial 1 de 1 NFT. Si vous le souhaitez, vous pouvez ajouter le nom, bien qu'il soit tout à fait excessif. Normalement, cela se fait dans un assortiment pour le distinguer des autres NFT qui sont importants pour une série (ont de nombreuses sorties), par exemple, (1 de 1) GRONK Career Highlight Card. Si vous utilisez une image ou un GIF comme contenu principal, il n'y aura pas de contenu différent. Dans tous les cas, si vous souhaitez utiliser un enregistrement sonore ou vidéo comme contenu principal, vous devez créer une image (ou un GIF) comme contenu de révision. Il suffit de suivre la procédure décrite précédemment. Il est préférable que l'image soit liée d'une manière ou d'une autre à l'enregistrement sonore ou vidéo. En général, une enveloppe de vidéo peut être utilisée comme image d'évaluation.

Avantages

Comme nous l'avons vu précédemment, les avantages ne font pas partie de la NFT, mais sont destinés à inciter quelqu'un à acheter la NFT et à en augmenter la valeur.

Les avantages peuvent être n'importe quoi. Assurez-vous simplement qu'il s'agit d'une chose que vous vous réservez la possibilité de transmettre (elle n'a pas sa place chez une autre personne) et qu'elle est maintenant en votre possession. Il est préférable de ne pas se trouver dans une situation où vous garantissez la transmission de quelque chose que vous ne possédez pas. Une remarque importante sur les avantages : Vous n'avez normalement aucune envie de donner l'avantage à chaque futur propriétaire de la NFT, et vous ne pouvez pas le faire s'il s'agit d'une nouveauté. C'est la raison pour laquelle les avantages sont souvent limités à l'acheteur principal, comme l'enchérisseur le plus élevé de la vente sous-jacente. D'un autre côté, on peut dire que l'avantage ira à celui qui possède le NFT à une date donnée. Par exemple, les avantages de VeeFriends sont pour la plupart remboursables de façon constante pendant une très longue période, et ils caractérisent l'année sans équivoque comme commençant le 6 mai, date à laquelle l'engagement a été pris. Les propriétaires de VeeFriends devraient faire un effort supplémentaire pour confirmer leur responsabilité pour NFT, de sorte que, en tout et pour tout, la quantité d'avantages récupérés est suivie clairement, de sorte que l'avantage ne peut pas être utilisé plus que ce qui est indiqué.

Évidemment, vous pouvez donner l'avantage à chaque futur propriétaire du NFT si vous le souhaitez. Nous vous déconseillons simplement de le faire, car cela pourrait devenir rapidement fou si le NFT est exécuté de temps en temps.

Contenu déverrouillable

Il peut s'agir de n'importe quel type de contenu, comme une image, une vidéo, un document PDF, des identifiants de connexion à un site, votre adresse électronique, ou simplement quelques informations utiles. Chaque Meebit est accompagné d'un enregistrement OBJ comme substance déverrouillable. La substance capable d'être déverrouillée dans le NFT peut être du texte en quelque sorte. Ainsi, en supposant que vous donniez un enregistrement authentique (photo, vidéo, etc.), vous devez stocker ce document en toute sécurité dans un endroit quelconque sur l'Internet et donner une connexion au document. Dans un monde idéal, le document serait sécurisé par une clé secrète, afin que personne ne puisse y accéder. En tout état de cause, en tant que substance non verrouillable, il ne devrait être accessible qu'au propriétaire du NFT.

Si vous offrez des avantages, vous devez vous souvenir, pour les données relatives à la substance non verrouillable, de la manière dont l'acheteur peut obtenir ces avantages. S'il s'agit d'un avantage réel, incluez votre adresse électronique et indiquez au propriétaire qu'il peut vous envoyer un courriel et que vous lui enverrez les avantages. Vous pouvez faire de même pour une substance non verrouillable, en indiquant que vous lui enverrez par courrier électronique l'enregistrement ou un lien vers le document. Nous vous suggérons de ne pas utiliser votre adresse électronique principale pour cela, mais, toutes choses égales par ailleurs, vous devriez créer une autre adresse électronique explicitement pour cette raison. Vous n'avez pas besoin que votre adresse électronique principale soit toujours présente, et vous n'avez pas besoin que l'acheteur ou tout autre acheteur futur vous envoie continuellement des messages.

Notez qu'il est de votre devoir de transmettre la substance déverrouillable et ses avantages et de garantir que la substance déverrouillable reste accessible au propriétaire et aux futurs propriétaires du NFT. Si vous n'êtes pas prêt à assumer cette responsabilité, excluez toute substance ou avantage déverrouillable.

Représentation

Ceci est également très direct. Vous devez décrire votre NFT. Certaines personnes le font de manière rapide et sans douleur, tandis que d'autres aiment donner une tonne de détails. En fait, vous n'êtes pas obligé de donner un descriptif, en aucun cas.Voici quelques conseils pour décrire votre NFT :

- Si votre NFT est un 1 sur 1, alors, à ce moment-là, remarquez-le. Utilisez des mots comme "exceptionnel" ou "unique". Bien que cela soit suggéré, vous pouvez également noter pour accentuer le fait que le NFT ne sera plus jamais imprimé. Si le NFT est essentiel pour une version, indiquez le numéro de la version et le nombre absolu de NFT dans cette version. Par exemple, "Ce NFT est le numéro 5 d'une version qui en compte 30". Ou vous pouvez dire, par exemple, "Ce NFT est limité à 30 versions. Chaque version est numérotée consécutivement." Vous pouvez également ajouter "Aucune autre version ne sera imprimée".

- Si vous offrez des avantages, ceux-ci doivent être mis en évidence dans la description. Soyez à peu près aussi clair et exact que l'on peut vraiment s'y attendre. Il ne faut pas que l'on se méprenne sur ce que vous annoncez. De plus, comme nous l'avons vu, si les avantages sont limités à l'acheteur principal, vous devez être clair à ce sujet. Par exemple, la carte (1 sur 1) GRONK Career Highlight Card NFT indique : "en plus de gagner la carte Career Highlight NFT, l'enchérisseur le plus remarquable de cette vente se vera accorder" Il serait peut-être plus judicieux d'être nettement plus précis. Plutôt que "ce troc", il pourrait très bien être souhaitable de dire "la clôture sous-jacente". Attention, il ne s'agit pas d'un conseil juridique. Vous devez simplement être aussi précis que possible afin qu'aucun problème ne surgisse plus tard.

- De plus, comme nous l'avons dit, il se peut que vous deviez ajouter une date dans le but que le propriétaire principal de la NFT à cette date puisse récupérer les avantages. Comme le NFT pourrait être déplacé à cette date, il pourrait y avoir (au moins deux) propriétaires à cette date. Dans cet ordre d'idées, soyez plus précis et incorporez un point à la date, et exprimez en outre la période. Par exemple, "Nous devrions tenir ce NFT à 12h00 le 8 mai 2021, pour récupérer cette proposition".

- Si vous disposez d'une substance déverrouillable, vous pouvez préciser ce qu'elle est dans la représentation ou rester dans l'ignorance la plus totale. Nous vous conseillons de mentionner la nature de la substance, surtout si cela permet de mettre en valeur le NFT et de susciter l'intérêt d'éventuels acheteurs.

Il peut arriver que la substance déverrouillable soit la substance fondamentale de votre NFT, par exemple, si vous avez composé un sonnet ou un bref récit pour votre NFT. Dans ce cas, vous devrez sans aucun doute y faire référence dans la représentation.

Redevance continue

Cet élément vous permet, à vous, le créateur de NFT, d'acquérir des droits sur les futures transactions de votre NFT. Chaque fois que votre NFT est vendue (en principe sur le centre commercial sur lequel elle a été fabriquée), vous obtenez un niveau spécifique de ces transactions. En outre, vous pouvez choisir le taux d'éminence.

Notez que si le taux que vous choisissez est excessivement élevé, cela dissuadera les futurs propriétaires de votre NFT de la vendre. Supposons, par exemple, que vous choisissiez un taux de souveraineté de 50%. En supposant que quelqu'un achète votre NFT pour un ETH, cette personne devra le vendre pour pas moins de deux ETH pour créer un gain. De plus, le centre commercial appliquera également un taux. Nous suggérons une éminence de 10%, cependant vous êtes autorisé à facturer ce que vous voulez.

Approvisionnement

Comme pour la plupart des NFTs, le stock de votre NFT doit être de 1. Cela améliorera la mesure de création du NFT, n'affaiblira pas la valeur de votre NFT et facilitera la méthode de vente de votre NFT.

Lien extérieur

Sur OpenSea, vous pouvez donner un lien qui apparaîtra sur la page de détail de votre NFT. Le lien doit conduire à une page de site avec plus d'informations sur le NFT. Par exemple, si le NFT a une histoire incroyable et qu'elle est trop longue pour être intégrée dans le portrait, vous pouvez la présenter sur une autre page. Vous pouvez vous connecter à n'importe quelle page, vraiment, mais elle doit être identifiée avec le NFT. L'interface extérieure est totalement discrétionnaire. S'il n'y a pas de page importante à laquelle vous pouvez vous connecter, il n'y a aucune raison impérative d'en intégrer une.

Création d'un portefeuille de cryptomonnaies

Au cas où vous ne seriez pas encore sur la blockchain, c'est la pièce étonnante pour entrer sur la blockchain et dans l'univers des formes cryptographiques de la monnaie. Pour réaliser votre NFT, vous aurez besoin d'un portefeuille de monnaie numérique. Plus précisément, vous aurez besoin d'un portefeuille Ethereum, dans lequel vous pourrez détenir des ETH, des jetons ERC20 et des NFT. Il existe d'autres blockchains qui permettent de réaliser des NFT, mais nous allons nous concentrer sur Ethereum, la blockchain NFT la plus connue.

Création d'un porte-monnaie MetaMask

Il existe plusieurs portefeuilles Ethereum, mais nous allons utiliser MetaMask, le portefeuille le plus connu et le moins difficile à utiliser. Il s'installe comme une extension de votre programme : Chrome, Firefox, ou Brave. Ainsi, vous devrez utiliser l'un de ces programmes pour continuer. Veuillez télécharger et introduire l'un de ces programmes au cas où vous n'en auriez pas. Les connexions sont accessibles sur la page Ressources du livre à l'adresse TheNFThandbook.com/Resources. De même, notez que toutes les connexions référencées tout au long du livre sont accessibles sur la page Ressources.

Vous pouvez également utiliser le portefeuille MetaMask sur votre téléphone, qu'il soit iOS ou Android. Quoi qu'il en soit, comme nous allons effectuer un NFT, nous vous suggérons de le faire sur un PC. Dans cette optique, si votre substance fondamentale se trouve sur votre téléphone, faites en sorte de la déplacer sur votre PC.

1.L'étape initiale est d'aller sur MetaMask.io en utilisant l'un des trois programmes référencés.

2. À partir de ce point, cliquez sur le bouton Télécharger ou Télécharger maintenant.

3. Cliquez sur le bouton Installer MetaMask. Le nom de votre programme apparaîtra également sur le bouton. Notez que si vous utilisez le programme Brave, le bouton pourrait dire Installer MetaMask pour Chrome.

4. Sur la page suivante, cliquez sur le bouton + Ajouter à Firefox, Ajouter à Chrome ou Ajouter à Brave.

5. Sur la page suivante, cliquez sur le bouton Get Started.
Sur cette page, vous pouvez importer un portefeuille MetaMask actuel. Ainsi, après avoir créé votre portefeuille MetaMask, si vous souhaitez l'utiliser sur un autre programme ou gadget, appuyez sur le bouton Importer le portefeuille. Évidemment, vous pouvez également créer un autre portefeuille MetaMask sur un autre programme ou gadget, auquel cas vous aurez plus d'un portefeuille MetaMask, ce qui est bien.
Jusqu'à nouvel ordre, puisque ce sera votre premier porte-monnaie MetaMask, cliquez sur le bouton Créer un porte-monnaie.

6. Sur la page suivante, vous pouvez choisir si vous préférez partager des informations anonymes avec MetaMask pour les aider à travailler sur la facilité d'utilisation du porte-monnaie et l'expérience du client. L'une ou l'autre de ces décisions est satisfaisante.

7. Sur la page suivante, vous devez créer une clé secrète. Il est évident que vous devez en créer une que personne ne voudra trier. Soit vous vous en souvenez, soit vous l'enregistrez et la conservez dans un coffre-fort. Essayez de ne pas stocker votre mot secret sur votre PC.
Notez que cette phrase secrète sera explicitement destinée au programme et au gadget que vous utilisez en ce moment. Dans le cas où vous importez votre portefeuille MetaMask dans un autre programme ou

gadget, vous devez créer une autre clé secrète explicite pour ce programme/ gadget. Ainsi, bien que ce soit un portefeuille MetaMask similaire (avec une substance similaire) sur l'autre programme/gadget, il aura un mot secret différent.

8. Sélectionnez et vérifiez les conditions d'utilisation. Peu de temps après, sélectionnez la caisse démontrant que vous avez lu et accepté les conditions d'utilisation.

9. Cliquez sur le bouton Créer.
L'état de renforcement mystérieux est le moyen d'accéder à votre portefeuille. Toute personne qui possède cette expression de renforcement mystérieux peut faire rentrer votre portefeuille dans son programme et en sortir (prendre) toute votre monnaie numérique et vos NFT. Dans la rubrique "Pourquoi les NFT ont de la valeur", nous avons parlé de quelques astuces normales dont il faut se méfier ; c'était tout sauf un tour d'horizon complet. Les escrocs tenteront de vous faire découvrir votre expression de renforcement. Essayez de ne pas le faire. Essayez de ne pas dévoiler votre expression de renforcement à qui que ce soit.

10. Sur cette page, cliquez tous ensemble sur chaque expression de votre expression de renforcement.
Si vous commettez une erreur, vous pouvez modifier les mots du cas en cliquant et en tirant. Cliquez sur Confirmer lorsque vous avez terminé.

11. Sur la page suivante, remarquez à nouveau les alertes. Enfin, lorsque vous avez terminé de consulter le site, cliquez sur "All Done". Vous verrez peut-être

apparaître un message concernant les transactions. N'essayez pas de commencer à spéculer maintenant, vous pourrez généralement le faire plus tard. Nous traiterons la spéculation au chapitre 8. Pour l'instant, fermez la fenêtre.
Concernant votre porte-monnaie MetaMask
Votre adresse. Dans le cas où vous cliquez sur Compte 1 vers le point le plus haut de la page, votre emplacement sera répliqué dans le presse-papiers. C'est votre emplacement public. Considérez-le comme un emplacement normal. Si quelqu'un vous envoyait un chèque, vous lui donneriez l'adresse à laquelle il doit l'envoyer. En fait, si quelqu'un réussissait à vous envoyer de l'ETH, un jeton ERC20 ou un NFT, vous lui enverriez d'abord votre adresse de portefeuille MetaMask, l'endroit où il doit envoyer l'ETH, les jetons ou les NFT.

Comme nous l'avons examiné, vous pouvez entrer votre emplacement dans un wayfarer carré, par exemple Etherscan.io ou Ethplorer.io, pour voir toute la substance de l'emplacement et tous les échanges à destination et en provenance de cet emplacement. Toute personne ayant votre emplacement peut voir ces données, ce qui est très bien ; c'est simplement un aspect de la franchise de la blockchain.

Cliquez sur les trois points d'un côté du compte 1 et sélectionnez Account Details. Une fenêtre s'ouvrira pour afficher votre adresse complète de 42 caractères ainsi que le code QR de votre emplacement. La plupart des portefeuilles polyvalents peuvent examiner une adresse sous forme de code QR plutôt que de couper et coller l'adresse et de l'envoyer à quelqu'un. Vous pouvez également modifier le nom de l'enregistrement en appuyant sur le symbole du crayon. Appuyez sur la marque d'approbation pour enregistrer vos modifications. Il n'est pas important de donner un nom à votre enregistrement, mais cela peut s'avérer utile au cas où vous utiliseriez plusieurs enregistrements dans le portefeuille. Pour créer un emplacement supplémentaire, cliquez sur le cercle en haut à droite de la page, puis sur Créer un compte. Saisissez un nom pour l'enregistrement si vous le souhaitez, puis cliquez sur Créer. C'est tout. Vous pouvez passer d'un compte à l'autre en appuyant une nouvelle fois sur le cercle situé dans le coin supérieur droit.

Une remarque sur l'utilisation de votre position : renouvelez-la systématiquement (ou utilisez le code QR). Ne tapez jamais votre position, en particulier pour quelqu'un qui vous envoie de l'argent numérique ou un NFT. Si vous faites une erreur sur un seul des chiffres ou des lettres, vous ne recevrez pas ce qu'ils vous envoient. Le reste du portefeuille indique vos ressources (la quantité d'ETH et de différents jetons que vous avez dans votre portefeuille), leur valeur actuelle et l'action (échanges tout au long du portefeuille). Notez que chaque enregistrement dans votre portefeuille a des ressources et des actions différentes.

Notez qu'en fait, les NFT et la monnaie numérique ne sont pas rangés "dans" votre portefeuille MetaMask. En fait, elles sont placées sur la blockchain Ethereum. Chaque ressource de la blockchain (NFT, jeton de monnaie cryptographique) a un emplacement correspondant. Les ressources de la blockchain que vous possédez sont liées à un emplacement qui se trouve dans votre portefeuille.

Accéder à votre portefeuille MetaMask. Pour accéder à votre portefeuille MetaMask, cliquez sur le symbole du renard dans le coin supérieur droit de votre programme. Si vous ne le voyez pas, cliquez sur le symbole de la pièce unique dans le coin supérieur droit, puis sur MetaMask dans la liste des extensions. Nous vous conseillons de coller le symbole MetaMask sur le programme pour un accès plus simple. Tout d'abord, cliquez sur le symbole de la pièce unique pour faire apparaître la liste des extensions. Puis, à ce stade, cliquez sur le symbole de la punaise à côté de MetaMask sur la liste des extensions. Si vous utilisez Firefox, le symbole du renard devrait naturellement être collé à votre programme. Si vous utilisez votre portefeuille de temps en temps, il restera dynamique. Après un certain temps, vous devez entrer votre clé secrète pour récupérer l'accès au portefeuille. Si vous devez vous déconnecter du porte-monnaie, cliquez sur le cercle dans le coin supérieur droit du porte-monnaie, puis cliquez sur le bouton de verrouillage situé directement sous le cercle. Nous vous conseillons vivement de vous déconnecter (verrouiller) de votre portefeuille dans le cas où vous partagez votre PC avec d'autres personnes ou si d'autres personnes peuvent accéder à votre PC. Si votre porte-monnaie n'est pas verrouillé, toute personne utilisant votre PC peut déplacer tous vos crypto et NFT.

Ouvrir un compte OpenSea

OpenSea est le plus grand centre commercial des NFT. Comme nous le voyons, c'est aussi le plus facile à utiliser. De plus, il n'y a pas de frais de gaz pour miner les NFTs, bien que vous deviez payer quelques frais de gaz lors de votre premier dépôt de NFTs disponibles à l'achat. Nous allons aborder l'affichage des NFT disponibles à l'achat dans la section suivante.

1.En utilisant le programme avec lequel vous avez créé votre portefeuille MetaMask, allez sur OpenSea.io. Sur la page d'accueil, cliquez sur le bouton Créer ou cliquez sur le symbole de profil dans le coin supérieur droit et cliquez sur Mon profil.
2. Sur la page suivante, on vous demandera de vous connecter à votre portefeuille. Cliquez sur le bouton "S'identifier". Votre portefeuille MetaMask devrait s'ouvrir.
3. Votre dossier devrait être maintenant vérifié. Cliquez sur le bouton Suivant. Le portefeuille vous indiquera alors que vous autorisez OpenSea à voir les adresses de vos comptes autorisés, ce qui est obligatoire. Cliquez sur le bouton Connecter.

Si vous souhaitez vendre des NFT, vous devez ajouter une photo de profil et une photo de drapeau. Cliquez sur le cercle pour transférer une photo de profil ; les dimensions préférées sont de 350 × 350 pixels.

Cliquez sur le symbole du crayon dans le coin supérieur droit pour transférer une photo de fanion. Choisissez des dimensions d'environ 1400 × 400 pixels. Notez que la norme sera unique en fonction de votre gadget et de

la largeur de la fenêtre de votre programme. OpenSea propose de ne pas mettre de texte dans votre drapeau. De même, gardez la partie la plus importante de l'image au centre de l'attention, car c'est la partie du drapeau qui sera toujours visible.
Pour nommer votre enregistrement, cliquez sur le symbole du truc à droite. Cela ouvrira votre portefeuille MetaMask et vous demandera de cliquer sur le bouton Signer. Ainsi, vous acceptez les expressions d'administration d'OpenSea. Il s'agit en outre d'un instrument de sécurité. Seule la personne qui accède à votre portefeuille MetaMask (vous) peut accéder aux paramètres de votre compte OpenSea. Si votre porte-monnaie MetaMask est verrouillé, entrez votre mot de passe secret pour l'ouvrir. Notez que vous ne ferez pas de phrase secrète OpenSea ou d'autres certifications de connexion, car votre portefeuille MetaMask protège efficacement votre dossier.

Sur la page des paramètres généraux, saisissez un nom d'utilisateur qui sera associé à votre enregistrement. Vous pouvez également ajouter une biographie. Nous vous suggérons de le faire. Racontez votre histoire au monde entier. Enfin, saisissez votre adresse électronique et cliquez sur le bouton Enregistrer lorsque vous avez terminé.

Créer une collection

Tous les NFTs d'OpenSea sont regroupés dans des assortiments, qui sont des rassemblements de NFTs aux thèmes correspondants. Il existe de nombreux assortiments sur OpenSea, comme CryptoPunks, F1 Delta Time, Rob Gronkowski Championship Series

NFTs, Decentraland Wearables, Official Three Stooges NFTs, Ksoids, et beaucoup d'autres. Un assortiment ressemble à une façade de magasin. Dans cette optique, avant de pouvoir créer un NFT sur OpenSea, vous devez d'abord créer un assortiment. Peu importe que vous ne fassiez qu'un seul NFT, il se trouve en fait dans une gamme.

Cette partie vous expliquera comment faire un assortiment sur OpenSea. Mais avant cela, vous devez d'abord définir les composants de votre assortiment.

Les composants d'une collection

Vous aurez besoin d'une certaine substance et d'autres données pour votre assortiment :

- Thème ou sujet
- le nom
- Logo
- Image de la bannière
- Image en vedette
- Description
- Liens
- Souveraineté permanente
- Adresse de la souveraineté en cours

Imprimer un NFT

Au début des NFT, la meilleure façon de miner un NFT était de composer un contrat brillant.

Fondamentalement, un contrat brillant est un code modificateur qui provoque des pics soudains de demande pour l'organisation Ethereum. En fait, le réseau Ethereum est la machine virtuelle Ethereum (EVM), un PC "goliath" réparti sur de très nombreux hubs sur toute la planète. Un accord astucieux est fondamentalement un programme PC écrit en Solidity, le langage de programmation local d'Ethereum dépendant de JavaScript. Après avoir composé l'accord astucieux, vous devez le tester et l'envoyer ensuite à l'EVM. Le test est une étape essentielle, car une fois envoyé à la blockchain, il est impossible de le réparer. Chaque NFT est un accord alternatif et, évidemment, il y a des frais de gaz chaque fois que vous transmettez un accord à la blockchain.

Aujourd'hui, avec l'apparition d'OpenSea et d'autres centres commerciaux NFT, vous n'avez pas besoin de composer un accord brillant, de réaliser comment coder, de réaliser comment le tester, ou d'être capable de le transmettre. Matt a fait un peu de codage dans son temps et a étonnamment appris un peu de Solidity. Dans ce contexte, nous pouvons confirmer qu'il est beaucoup plus simple de miner un NFT sur OpenSea. Puisque vous avez déjà réalisé toutes les parties de votre NFT, la véritable mesure d'impression est très claire. Sur OpenSea, passez sur votre photo de profil, sélectionnez Mes collections, puis cliquez sur le logo de votre collection. Ensuite, sur la page de vos assortiments, cliquez sur le bouton Ajouter un nouvel élément. Vous êtes actuellement sur la page "Créer un nouvel objet". Image, vidéo, audio ou modèle 3D : C'est ici que vous transférez le contenu principal de votre ENF. Il suffit de le faire glisser dans la caisse. Si vous transférez un document audio ou vidéo, une autre boîte d'image de prévisualisation s'affiche. Dans ce cas, déposez votre image de révision (ou GIF) dans la case Image de prévisualisation.

Nom : Entrez le nom de votre NFT.

Lien extérieur : Entrez l'interface externe de votre NFT, si vous en avez une.

Représentation : Coupez et collez la représentation de votre NFT. Vous pouvez utiliser la grammaire Markdown ici aussi. Propriétés, Niveaux, Stats : Comme nous l'avons examiné, les propriétés, niveaux et statistiques sont particulièrement utiles pour les NFT de cartes d'échange de jeu informatisé et les NFT de choses en jeu. Sauf s'il y a une explication convaincante ou une importance pour votre NFT, nous vous recommandons de ne pas les remplir.
Si vous créez de nombreuses versions d'un NFT, par exemple un NFT à 10 versions, où chaque NFT est numéroté consécutivement de 1 à 10, certains créateurs de NFT indiqueront le numéro de version dans les statistiques. Ce n'est pas nécessaire, mais si vous souhaitez le faire, cliquez sur le bouton + à côté des statistiques. Dans le menu déroulant, entrez Edition comme nom, puis, à ce stade, le numéro de version du NFT, et le nombre absolu de NFT dans la version. Sauvegardez-le lorsque vous êtes prêt.
Contenu déverrouillable : Si vous disposez d'un contenu déverrouillable, activez l'interrupteur. Puis, à ce moment-là, réorganisez votre contenu déverrouillable. Comme nous l'avons vu précédemment, il doit s'agir de texte, pas de documents. Vous pouvez utiliser la structure de phrase Markdown ici aussi.

Contenu express et sensible : Si le contenu de votre NFT n'est pas acceptable pour le bureau ou contient des divertissements sexuels ou un langage sans équivoque, alors, à ce moment-là, activez l'interrupteur.

Au cas où vous ne le sauriez pas, il est plus judicieux de décider en faveur de l'alerte.

Approvisionnement : Comme examiné précédemment, nous suggérons de laisser le stock à 1. Geler les métadonnées : Le fait de geler vos métadonnées les verrouillera définitivement et les stockera sur l'IPFS, après quoi vous ne pourrez plus modifier votre NFT. Vous devez d'abord faire votre chose avant de pouvoir geler vos métadonnées. Vous devrez également payer des frais de gaz. Est-ce génial ? Cela améliorera la probabilité de qualité perpétuelle de votre NFT, mais c'est à vous de décider si cela mérite de payer le prix du gaz. Nous supposons que la plupart des créateurs ne choisiront pas de geler leurs métadonnées.

Notez qu'OpenSea est en développement continu et que certaines alternatives pour créer de nouveaux NFTs peuvent changer. N'hésitez pas à visiter le site du livre à TheNFThandbook.com pour des mises à jour.

Lorsque vous avez fini de contribuer à tout, cliquez sur le bouton Créer. Si le bouton est grisé, il est possible que vous ayez oublié des données ou du contenu nécessaires ou que vous deviez ouvrir votre portefeuille MetaMask.

CHAPITRE 5 : VENDRE LES NFT

Dans cette section, nous allons voir, petit à petit, comment vendre les jetons non fongibles (NFTs) que vous avez créés. Puisque vous avez fabriqué vos NFTs sur OpenSea, c'est là que vous allez les vendre. Pour que vos NFTs soient disponibles à l'achat sur OpenSea, vous aurez besoin d'un peu d'Ethereum pour couvrir les frais de gaz. De cette façon, nous allons également vous expliquer comment ouvrir un dossier avec un échange de monnaie numérique, comment financer ce dossier, comment acheter de l'ETH, et comment déplacer l'ETH vers votre portefeuille MetaMask. Dans le cas où vous n'avez jamais géré de monnaie numérique, détendez-vous. D'ici peu, ce sera naturel.

Votre compte d'échange

Afficher vos NFTs disponibles pour être achetés sur OpenSea nécessite quelques frais de gaz, ce qui implique que vous aurez besoin d'un peu d'Ethereum dans votre portefeuille MetaMask pour couvrir les dépenses. Quelques transactions nécessitent que vous payiez des frais d'essence lorsque vous frappez vos NFTs. Que vous n'ayez pas l'intention de faire des NFTs, vous aurez en général besoin d'Ethereum (ou d'une autre monnaie numérique) si vous avez l'intention d'acheter des NFTs.

Les NFT sont des ressources de la blockchain, et par conséquent, ils sont en principe achetés et vendus avec de la monnaie numérique. Les choses étant ce qu'elles sont, comment pouvez-vous obtenir de l'Ethereum et d'autres monnaies numériques ? Vous le faites dans le cadre d'une transaction en monnaie numérique. Il existe quelques transactions légitimes que vous pouvez utiliser

: Coinbase, Binance, Crypto.com, et Voyager, entre autres. Parmi ceux-ci, nous suggérons Coinbase, en particulier si vous êtes aux États-Unis. Nous l'utiliserons donc comme modèle de transaction dans cette section. Dans tous les cas, n'hésitez pas à utiliser une autre transaction si vous le souhaitez. Vous pouvez découvrir les connexions à chacun de nos trades suggérés sur la page Ressources du livre : TheNFThandbook.com/Resources.
Et si nous commencions ? L'étape initiale consiste à créer un compte Coinbase.

Créer un compte Coinbase

Coinbase est un commerce où vous pouvez acheter une partie des monnaies numériques bien connues avec des dollars. Vous pouvez également vendre ces monnaies numériques contre des dollars, que vous pourrez ensuite expédier à votre banque. Dans cette partie, nous allons vous expliquer comment créer un compte Coinbase. Si vous avez déjà un compte Coinbase ou un enregistrement sur un autre marché, vous pouvez sauter cette partie. Notez que vous devez être âgé d'environ 18 ans pour ouvrir un compte Coinbase.

Avant d'effectuer un enregistrement, assurez-vous que vous disposez de l'ensemble des éléments suivants :

- Une identité personnelle officiellement sanctionnée
- Un numéro de téléphone associé à votre téléphone portable (vous recevrez des messages instantanés SMS)
- La forme la plus récente de votre programme (Chrome est suggéré).

1. Allez sur Coinbase.com et appuyez sur le bouton Démarrer. Dans la popup, affichée à la Figure 7.1, entrez vos données, y compris un mot de passe secret. Comme indiqué dans la section précédente, ne conservez pas le mot de passe secret dans un document texte sur votre PC (sauf s'il se trouve sur un disque codé). Enregistrez-le et conservez-le dans un endroit protégé.

2. Dans l'e-mail que vous recevez de Coinbase, cliquez sur Vérifier l'adresse e-mail. Vous serez renvoyé à Coinbase, où l'on vous demandera de vous connecter.

3. Coinbase vous demandera d'ajouter un numéro de téléphone. Sélectionnez votre pays et entrez votre numéro de téléphone portable. Puis, à ce stade, cliquez sur Envoyer le code. Coinbase vous enverra un code à sept chiffres. Entrez ce code et cliquez sur le bouton Soumettre.

4. Sur la page suivante, vous devrez saisir votre date de naissance et votre adresse. Vous devrez également répondre à quelques questions et saisir les quatre derniers chiffres de votre numéro de sécurité sociale. Cliquez sur le bouton " Continuer ".

5. Pour acheter, vendre, envoyer et obtenir des devises numériques, vous devez confirmer votre enregistrement. Pour commencer, sélectionnez le type d'identification que vous souhaitez utiliser. Puis, à ce stade, sélectionnez une stratégie de transfert et suivez les instructions.

La confirmation ne prend généralement que quelques instants, mais Coinbase peut prendre le temps de procéder à des vérifications supplémentaires. Coinbase vous enverra un e-mail lorsque la vérification sera terminée.

Obtenir votre compte Coinbase

Nous vous conseillons vivement de mettre en place une solide stratégie de confirmation à deux facteurs (2FA) pour obtenir votre compte. Au moment où vous vous êtes inscrit à Coinbase, vous avez ajouté l'information textuelle comme technique 2FA. Étonnamment, cette stratégie est tout juste respectablement sûre. L'explication est le résultat d'une astuce appelée

SIM trading

SIM trading est l'endroit où un escroc appelle votre transporteur polyvalent, le persuade qu'il est vous, lui fait savoir que vous avez un autre téléphone, et obtient du transporteur qu'il porte votre numéro sur son téléphone. Tout compte fait, l'artiste escroc acceptera vos messages instantanés, en plus d'autres choses. Dans le cas où l'escroc possède votre clé secrète Coinbase, il serait maintenant en mesure d'entrer dans votre dossier Coinbase et de déplacer (prendre) toute votre monnaie numérique. Les transactions SIM peuvent causer de graves dommages. Il suffit de demander à Michael Terpin, un prestigieux amateur de monnaie numérique qui a intenté un procès à AT&T au sujet d'un trade SIM qui a entraîné un cambriolage de près de 24 millions de dollars en monnaie numérique. Si vous disposez d'une clé de sécurité, vous devez l'utiliser pour le 2FA. Dans tous les cas, nous suggérons Google Authenticator, qui est simple et utile tout en offrant une grande sécurité. Quelqu'un aurait besoin de votre véritable téléphone réel (et de votre clé secrète, évidemment) pour accéder à votre compte Coinbase.

1. Si vous n'avez pas encore l'application Google Authenticator, téléchargez-la et introduisez-la sur votre téléphone portable depuis l'App Store ou le Google Play Store.

2. Dans Coinbase, cliquez sur votre nom dans le coin supérieur droit de la page, puis cliquez sur Paramètres dans le menu déroulant. Sur la page Paramètres, cliquez sur Sécurité. Cliquez sur le bouton Select dans l'espace Authenticator de la page.

Dans la fenêtre "Confirmer la modification des paramètres", entrez le code obtenu par message instantané, puis cliquez sur le bouton Confirmer. Il y aura un code QR dans le menu déroulant " Empower Authenticator Support ".

3. Allez sur l'application Google Authenticator sur votre téléphone. Appuyez sur le signe + et sélectionnez Scan a QR code. Dirigez votre téléphone vers l'écran de votre PC de façon à ce que le code QR de Coinbase entre dans le carré vert. Vous devriez maintenant voir Coinbase enregistré dans l'application Google Authenticator, avec six chiffres en dessous. Ces six chiffres sont votre code 2FA.

Associer votre banque

Pour acheter de l'Ethereum et d'autres monnaies numériques, vous devrez ajouter une stratégie de versement. Nous suggérons d'ajouter un grand livre. La justification pour laquelle nous suggérons cela est que vous pouvez plus tard retirer des actifs de Coinbase à votre solde financier après avoir vendu des devises numériques. Si vous n'êtes pas satisfait de l'interface de votre grand livre, vous pouvez acheter de l'Ethereum avec une carte de crédit.

1. Sur Coinbase, allez à la page des paramètres. À partir de là, cliquez sur Méthodes de paiement. À partir de là, cliquez sur le bouton Ajouter une stratégie de paiement. Dans la fenêtre "Ajouter une stratégie de paiement", cliquez sur Compte bancaire (ou l'une des différentes techniques : PayPal, carte de crédit ou virement bancaire).

2. Dans la fenêtre d'accompagnement, il devrait être indiqué que Coinbase utilise Plaid (une assistance externe) pour interfacer votre banque. Cliquez sur le bouton Continuer.
Sélectionnez votre banque dans la liste ou faites une recherche pour découvrir votre banque.

3. Saisissez votre ID client et votre phrase secrète pour la connexion à votre banque. Détendez-vous. C'est sans danger. Cliquez sur le bouton Soumettre.
On vous demandera comment vous devez confirmer votre personnalité. Faites un choix et cliquez sur le bouton Continuer.

4. Saisissez le code que vous obtenez et cliquez sur le bouton Submit.

Sélectionnez le solde financier que vous souhaitez associer à Coinbase et cliquez sur le bouton Continuer. Il devrait falloir environ 30 secondes à Coinbase pour vérifier et ajouter votre registre

Financement de votre porte-monnaie MetaMask

Puisque vous avez obtenu de l'Ethereum, c'est l'occasion idéale de le transférer dans votre porte-monnaie MetaMask. Si cela ne pose pas trop de problèmes, accordez une attention particulière à cette partie. Si vous commettez une erreur en déplaçant la monnaie numérique, elle peut être exorbitante. Vous pourriez même perdre la somme que vous avez envoyée. Dans tous les cas, détendez-vous. Tant que vous y réfléchissez bien, tout devrait bien se passer. De plus, bientôt, le transfert de monnaie numérique sera naturel.

1. Connectez-vous à Coinbase.

2. Ouvrez votre portefeuille MetaMask et cliquez sur l'adresse du portefeuille en haut, directement sous le nom de l'enregistrement du portefeuille. (Si ce n'est pas trop compliqué, reportez-vous à la figure 6.6 du chapitre 6, " Créer et miner NFT") Votre adresse ETH devrait maintenant être copiée dans le presse-papiers de votre PC.
Ouvrez TextEdit, Notepad, ou un autre programme d'édition de contenu, et collez-y votre adresse. Assurez-

vous que le début et la fin de votre emplacement correspondent précisément à ce qui est affiché dans votre portefeuille MetaMask.

3. Retournez sur Coinbase. Sur la page d'accueil, cliquez sur le bouton Send/Receive dans le coin supérieur droit. Le bouton Envoyer s'affiche en premier, remarquez le segment Payer avec du bouton. Au cas où Ethereum n'y figure pas, cliquez dans le segment Payer avec et sélectionnez Ethereum.

4. Collez votre emplacement dans le segment du ressort d'envoi.

Assurez-vous qu'il correspond exactement à l'emplacement que vous avez collé dans votre outil de contenu.

Ensuite, saisissez le montant en dollars d'ETH que vous devez envoyer. Notez que le solde ETH de votre enregistrement est affiché dans la partie inférieure du ressort. Au moment où vous êtes prêt, cliquez sur le bouton Continuer.

5. Vérifiez prudemment toutes les données d'accompagnement :
◦ La somme que vous envoyez ◦ L'endroit d'où vous expédiez.
◦ L'argent que vous envoyez

Notez que la somme exprimée ici peut ne pas être réellement celle que vous avez saisie. Ceci au motif que le coût de l'ETH a changé depuis que vous avez saisi la somme. Dans le cas où, et à condition que, tout semble parfait, cliquez sur le bouton Envoyer actuellement.

6. Saisissez le code 2FA, puis cliquez sur le bouton Confirmer.

Dans le cas où c'est la première fois que vous envoyez de la monnaie cryptographique depuis Coinbase, il se peut que l'échange soit reporté. Sinon, l'ETH apparaîtra généralement dans votre portefeuille MetaMask dans les 10 minutes.

Vendre vos NFTs

Puisque vous avez tout mis en place et que votre portefeuille MetaMask est pris en charge, c'est l'occasion idéale de tester le marché et de vendre vos NFTs.

Les moyens de vendre vos NFTs

Sur OpenSea, il y a trois façons différentes de vendre un NFT.

- Laissez-le ouvert aux offres

- Fixer un prix

- Commencer un troc

Vous pouvez également regrouper des NFT et les vendre en tant que groupe. Il n'y a pas de méthode idéale pour vendre vos NFT, c'est à vous de voir comment vous voulez le faire.

Laisser un NFT ouvert aux offres. De nombreux créateurs de NFT qui ne sont pas sûrs de la valeur de leurs NFT et ne sont pas prêts à faire du troc laissent leurs NFT ouverts aux offres. Cela signifie que n'importe qui peut faire une proposition sur n'importe lequel de leurs NFTs. Le créateur du NFT (ou le propriétaire actuel) peut décider d'accepter ou de refuser la proposition. Il s'agit d'un excellent moyen de tester le marché en percevant l'appréciation des NFT par le marché. Quoi qu'il en soit, ne vous contentez pas de faire une pause et de vous attendre à ce que les offres affluent. Cela ne se produira pas si personne ne pense à vos NFT. Vous devez en fait faire de la publicité pour vos NFT en partant du principe que vous devez faire quelques opérations. (Voir la partie " Faire de la publicité pour vos NFT " plus loin dans cette section).

Notez que les propositions sur OpenSea sont en général expirées après 10 jours et peuvent être abandonnées à tout moment par la personne qui a fait la proposition. Ainsi, si l'offre vous plaît, n'attendez pas. Vous devriez recevoir un email d'OpenSea chaque fois que quelqu'un fait une proposition sur un NFT que vous possédez.

Lorsque vous miner un NFT, il est naturellement disponible puisque, tout bien considéré, OpenSea est un centre commercial. Ainsi, vous n'avez pas besoin de réussir à autoriser les autres à faire des offres sur vos NFTs. Fixer un prix. Plutôt que d'attendre les offres, si vous avez fixé un prix pour votre NFT, vous pouvez l'exposer à ce prix. N'importe qui peut acheter le NFT en respectant le prix que vous avez fixé. Notez que des personnes peuvent faire des offres pour un prix différent du prix fixé, et vous êtes autorisé à accepter ces propositions.

Il est difficile de dire un coût à mettre sur le compte du fait que les NFT sont extraordinaires, ce qui est une des justifications de leur omniprésence. Par exemple, lors de la vente d'une maison, le coût est souvent contrôlé par les transactions tardives de maisons équivalentes (taille comparable, même zone, etc.). Dans le cas où votre NFT est essentiel pour une progression de NFTs, comme un CryptoKitty, vous pourriez alors utiliser les transactions en cours d'autres CryptoKitties comparables pour vous aider à décider d'un coût raisonnable à fixer pour votre NFT.

Cependant, en supposant que vous ayez une pièce d'artisanat extraordinaire, trouver des comparables s'avère être plus conceptuel. Dans cette situation, le coût, comme dans de nombreux secteurs d'activité, dépend de l'intérêt du marché. Le NFT est-il un "1 sur 1" ou existe-t-il différentes versions ? Un "1 sur 1" serait plus important. De même, réfléchissez à la valeur de tout avantage ou substance déverrouillable que vous avez inclus avec le NFT. Comme vous pouvez le constater, l'évaluation est plus un art qu'une science, surtout lorsque vous débutez. Faites simplement votre meilleure évaluation en fonction des éléments récemment référencés. Nous vous suggérons de commencer par le haut plutôt que le bas. D'abord, qui sait, quelqu'un pourrait l'arracher à un prix plus élevé. Deuxièmement, à l'instar d'une carafe de vin, un coût faible transmet une valeur faible. Enfin, vous pouvez généralement diminuer le prix à tout moment (et cela ne vous coûtera pas d'essence sur OpenSea).

Commencer une vente aux enchères. Il y a deux sortes de ventes que vous pouvez diriger sur OpenSea : une vente aux enchères anglaise habituelle et une vente hollandaise.

Enchères à l'anglaise: Une vente à l'anglaise est une vente courante où les offres commencent à un niveau bas et augmentent ensuite, le NFT étant accordé à la personne qui a fait la proposition la plus élevée à la clôture de la vente. Vous devrez fixer un montant de base pour l'offre de départ, ainsi qu'un coût de maintien pour le troc, qui est une valeur de base que vous êtes prêt à accepter pour le NFT. Si, à la liquidation de l'échange, personne n'a fait d'offre supérieure au coût de maintien, le NFT ne sera pas vendu.

Notez que sur OpenSea, si une proposition est faite dans les 10 dernières minutes de la liquidation, le temps restant sera augmenté de 10 minutes. Ceci a pour but d'empêcher les individus de tuer un NFT sans avoir un moment à perdre, afin que tous les acheteurs potentiels aient une chance de faire une offre. La plupart du temps, l'offre ne se réchauffe pas avant la limite la plus éloignée du troc, car les acheteurs potentiels préfèrent ne pas montrer leur main trop tôt.

Dans le même ordre d'idées, si la clôture commence lentement, ne vous laissez pas abattre. Dans le cas où le troc se termine sans acheteur, détendez-vous. Vous pouvez généralement entamer une nouvelle vente pour le NFT à tout moment, inscrire le NFT à un prix fixe, ou simplement le laisser ouvert aux offres.

Enchère hollandaise: Une vente aux enchères hollandaise est le lieu où le coût du NFT commence par être élevé pour ensuite baisser tranquillement après un certain temps. Le principal individu à reconnaître la valeur gagne, il n'y a donc pas de progression des offres comme dans une vente à l'anglaise. L'avantage d'une liquidation hollandaise est la crainte de passer à côté d'une grande opportunité (FOMO). Les membres craignent qu'en cas d'attente trop longue, une autre personne s'empare de l'objet. En outre, il n'y a pas d'opportunité supplémentaire pour les enchérisseurs. Lorsque quelqu'un s'empare du NFT, le troc est terminé.

Nous vous suggérons de fixer un prix de départ fondamentalement supérieur à ce que vous pensez que le NFT pourrait valoir. Qui peut le dire avec certitude ; quelqu'un peut l'obtenir plus tôt. Sur OpenSea, vous choisirez la valeur initiale, le coût final et la durée. OpenSea réduira automatiquement le coût par tranches correspondantes jusqu'à la date de fin.

Faites une offre groupée. Une autre façon de vendre vos NFTs est de faire un pack. Un pack est un regroupement de NFTs vendus en une seule fois. Vous pouvez regrouper tous les NFT que vous possédez. L'avantage d'un pack est que vous disposez d'un arrangement complet de NFT spécifiques. Par exemple, des particuliers vendent des lots de quatre NFT Rob Gronkowski, un de chaque titre de NFT.

Notez que lorsque vous vendez un groupe sur OpenSea, vous pouvez le faire uniquement avec un coût fixe.

Afficher votre NFT disponible à l'achat

Dans cette partie, nous allons vous expliquer, petit à petit, comment afficher vos NFT disponibles à l'achat. Avant de procéder au suivi, nous vous suggérons d'examiner les paramètres de votre assortiment. L'aspect et la présentation de votre assortiment sont importants pour l'introduction de votre NFT. Avant tout, assurez-vous que le taux d'éminence continue est réglé comme vous le souhaitez et que votre adresse de paiement est correcte.

Sur OpenSea, allez sur la page du NFT que vous souhaitez vendre. Cliquez sur le bouton Vendre dans le coin supérieur droit de la page, et vous vous retrouverez sur la page d'affichage. La principale chose que vous devez faire est de vous assurer que votre taux de souveraineté continue est correct. Il doit apparaître en bas du segment de droite, dans la région des frais, sous le pourcentage d'OpenSea. Si vous ne voyez pas le nom de votre assortiment et le taux que vous avez fixé, ou si le taux est erroné, revenez et modifiez les paramètres de votre assortiment avant de continuer. Type de listing. Dans le cas où votre éminence continue a l'air bien, l'étape suivante est de choisir le type d'affichage. Sélectionnez Prix fixe, Enchère la plus élevée (pour lancer une liquidation en anglais) ou Lot. Si vous souhaitez lancer une vente en néerlandais, sélectionnez Prix fixe.

La monnaie par défaut dans laquelle vous fixez votre prix est l'ETH, qui est représentée par le symbole des trois lignes paires. Ce symbole est utilisé dans tout OpenSea pour montrer ETH. Cliquez sur le symbole pour choisir une autre monnaie dans laquelle fixer votre prix. Actuellement, les principales normes monétaires différentes accessibles sont DAI et USDC. Ces deux monnaies sont des monnaies stables, ce qui implique qu'elles sont destinées à être fixées au dollar américain. Ainsi, la valeur de 1 DAI ou de 1 USDC s'élève à 1 $ (ou une valeur incroyablement proche de 1 $). Nous suggérons de fixer le coût en ETH, car il s'agit de l'argent généralement utilisé sur OpenSea. En supposant que vous ayez besoin de faire une liquidation hollandaise, activez l'interrupteur Inclure la valeur finale. Puis, à ce moment-là, définissez le coût final et la date d'expiration, en vous souvenant de l'opportunité idéale pour cette date à laquelle la liquidation hollandaise prendra fin. Dans le cas où vous préféreriez ne pas faire de vente hollandaise, il suffit de laisser le commutateur Inclure la valeur finale désactivé. Dans l'hypothèse où vous avez besoin que votre inclinaison commence plus tard, activez le commutateur Schedule for a future time frame. Sélectionnez la date et l'heure à laquelle vous souhaitez que l'inclinaison commence. Dans l'éventualité où vous voudriez vendre le NFT secrètement (à une personne en particulier), activez le bouton Confidentialité. Puis, à ce moment-là, entrez l'adresse ETH de l'acheteur. L'affichage ne sera pas public, et seule la personne associée à l'emplacement que vous avez entré voudra effectivement acheter le NFT. En premier lieu, vous devez fixer l'enchère minimale. De la même manière qu'avec le paramètre

Prix fixe, vous pouvez choisir l'argent. Nous vous suggérons de fixer une enchère minimale basse, par exemple, 0,01 ETH. Vous pouvez même le laisser à 0. En supposant que vous ayez besoin de passer sur une valeur élevée, vous pouvez fixer une enchère minimale plus élevée, tout en sachant que cela pourrait vous empêcher d'obtenir cette offre sous-jacente.

Ensuite, vous devez définir un coût de réserve. Un coût de réserve est nécessaire sur OpenSea, et il ne devrait pas être inférieur à 1 ETH. Comme indiqué, si l'offre la plus élevée à la fin du troc n'est pas aussi élevée que la valeur de réserve, la vente se terminera sans accord. De cette façon, ne rendez pas le coût de sauvegarde excessivement élevé. Vous pouvez reconnaître toute offre avant ou après la clôture du troc sur OpenSea. Enfin, vous devrez définir la date d'expiration du troc, en vous souvenant de l'occasion idéale pour cette date à laquelle la vente se terminera. C'est une bonne chose de se donner suffisamment de temps pour faire passer le message de la clôture. En revanche, il est intéressant de faire en sorte que le besoin de continuer à avancer se fasse sentir, ce qui justifierait une durée de vente plus limitée. Nous recommandons cinq jours, mais trois et sept jours conviennent également. Notez que vous ne pouvez pas actuellement fixer le début du troc à un moment pas trop éloigné sur OpenSea.

Groupe de sélection pour vendre au moins deux NFT en tant que pack. Une page vous permettra de choisir les NFT à retenir pour le groupe. Essentiellement, cliquez sur un NFT pour le choisir. Lorsque vous avez terminé, cliquez sur le bouton Vendre un lot de dans la partie inférieure de la page (la quantité de NFT que vous avez choisie sera indiquée sur le bouton). Vous serez ramené à la page d'affichage. La première chose à faire est de donner un nom à votre groupe. Nous vous recommandons d'avoir un nom illustratif, afin que les acheteurs potentiels n'aient pas à se demander ce que contient le pack, par exemple, GRONK Super Bowl Championship Bundle. Néanmoins, allez-y et soyez inventif aussi. Les choix excédentaires sont indiscernables des choix de prix fixes dont nous avons parlé précédemment. Veuillez faire allusion à ce segment.

Publier votre annonce. Puisque vous avez défini toutes les limites de votre annonce, assurez-vous que tout est parfait en examinant la zone de contour dans la moitié droite de la page d'annonce. Si tout semble parfait, cliquez sur le bouton de votre annonce. Si c'est la première fois que vous publiez un NFT, votre portefeuille MetaMask devrait s'ouvrir et afficher les frais de gaz que vous devez payer. En supposant que votre portefeuille MetaMask ne s'est pas ouvert naturellement, ouvrez-le physiquement. Notez que le montant total est équivalent au prix de gaz. Si les frais de gaz sont actuellement élevés ou si votre solde est trop bas pour couvrir les frais de gaz, vous pouvez annuler l'échange et essayer de poster le NFT plus tard. Si vous avez besoin d'ajouter des ETH à votre portefeuille MetaMask, suivez les méthodes décrites précédemment dans cette section. Si tout semble parfait, cliquez sur le bouton Confirmer dans votre portefeuille MetaMask. Votre échange peut nécessiter quelques instants pour être confirmé par l'organisation Ethereum. Cela peut prendre un peu plus si le blocage du réseau est important, donc si cela ne pose pas trop de problèmes, faites preuve de retenue. Une fois que l'échange est confirmé, vous pouvez également avoir besoin d'affirmer un petit échange pour approuver les dépenses WETH. Voir le chapitre 8 à propos de WETH. Une fois cela terminé, votre NFT doit être enregistré. Félicitations ! Vous avez un NFT disponible pour être acheté. La prochaine fois que vous inscrirez un NFT (et toutes les occasions futures également) dans votre dossier, vous n'aurez pas à payer de frais. Au moment où vous cliquez sur "Post Your Listing", votre portefeuille MetaMask s'ouvre. Cette fois, vous devrez simplement appuyer sur le bouton Signer. Notez que dans le cas où vous créez un autre compte OpenSea, vous devrez payer des frais de gaz pour votre première publication dans le nouveau dossier.

Pour commencer, il y a l'opposition. Il y a un très grand nombre de NFT dans le monde. De plus, si vous n'expliquez pas pourquoi le vôtre est important, les gens s'en ficheront. Il y a des options. De plus, si vous n'établissez pas une compatibilité avec les rassembleurs, ils ne verront jamais cette valeur équivalente.

Deuxièmement, votre statut actuel ne signifie pas pour autant une notoriété NFT. Nous avons vu un nombre incalculable de VIP avec 10 millions d'adhérents ou plus qui ne peuvent pas obtenir une seule offre sur leur NFT. Nous avons vu des artisans avec un solide historique de transactions artisanales réelles passer à la scène informatisée et échouer. Nous ne révélerons pas qui sont ces modèles, car il n'y a rien à acquérir en les traînant dans la boue. Tout bien considéré, tout ce que nous pouvons apprendre, c'est que la vente de NFT est une activité perplexe et qu'il ne faut pas y déconner, quelle que soit votre identité.

Troisièmement, il n'y a pas de calcul NFT qui va progresser et devenir votre base d'autorité NFT. Nous ne sommes pas sur Twitter ou Instagram, où il suffit généralement de quelques hashtags et d'une page Explore ou Tendance pour devenir une sensation du web. Nous nous sommes habitués à développer des algorithmes et à créer des contenus qui répondent à ce que le calcul va transmettre aux individus. Aujourd'hui, il n'y a aucun calcul sur les centres commerciaux NFT. Vous devez envoyer les acheteurs à votre NFT. Aucune autre personne ne le fera pour vous. Que vous persuadiez ou non les dépositaires d'OpenSea de vous mettre sur la page de lancement, cela ne garantit pas les transactions. Nous parcourons constamment leurs choix et nous voyons souvent des NFT similaires pendant sept jours sur la page de lancement mise en évidence, sans aucune offre.

Cependant, cela ne doit pas vous faire peur. "Vous devez comprendre que derrière les 69 millions de dollars d'offres... il y a des coûts extrêmement discrets qui soutiennent un grand nombre de vrais spécialistes", a déclaré Matt Kane, artisan de NFT, lors d'une rencontre avec CNBC. Peu de NFT sur une chance sur deux vont épater tout le monde et commander des coûts à six chiffres. En outre, votre objectif ne doit pas être de réaliser deux ou trois NFT qui vous fourniront rapidement assez d'argent pour démissionner dans la rue facile. Cela n'est tout simplement pas susceptible de se produire. En tout cas, avec la bonne technique de promotion, vous pouvez vous faire une base de collecteurs qui doit vous aider à long terme. Vous pouvez vous tailler une part de ce secteur d'activité en plein essor et vous constituer un flux de revenus supplémentaires important pour vous.

Construire une communauté

Nous voyons régulièrement des enregistrements numériques tomber dans le piège du mode de pensée félin de la duplication. Un enregistrement numérique réussit tellement bien à développer sa zone locale de membres de l'audience que d'autres le reproduisent de manière presque indiscernable. Voyez comment Serial a aidé la classe de webcasts True Crime. Il est devenu le style le plus reconnaissable de création d'enregistrements sur le Web, faisant d'incalculables projets secondaires avec un léger virage. Cela s'applique également aux NFT. En particulier, une réplique totale du style artisanal. Il existe un grand nombre de NFT qui utilisent la disposition des cartes Pokémon pour incarner leur œuvre d'art. L'accomplissement du projet CryptoPunks à 8 chiffres a provoqué un bouleversement complet des projets NFT à 8 cycles créés sur PC. Cela fonctionne pour quelques-uns, en tout cas en dupliquant d'autres, vous faites un toit sur la taille de votre zone d'autorité locale essentiellement sur les motifs que vous ne serez jamais surpasser le premier fabricant. Dans cette optique, il n'y a pas de format ou de méthode rapide à suivre pour construire votre zone d'autorité locale. Elle sera différente pour chacun. Ce qui a fonctionné pour le NFT de Qu ne fonctionnera pas pour le NFT de Matt, et ainsi de suite.

En principe, le système de promotion NFT de chacun doit tourner autour de la création d'une zone d'autorité locale. Il peut s'agir de 3 personnes ou de 3 000 personnes. Quoi qu'il en soit, l'objectif ultime est de faire de vos ressources numérisées des superfans, c'est-à-dire des personnes qui s'investiront corps et âme pour dire qu'elles ont été les premières à recueillir votre travail. Vos autorités NFT peuvent venir de votre part pour instruire et changer vos fans actuels. Elles peuvent s'adresser à un public totalement nouveau. En vous concentrant sur la construction de votre zone d'autorité locale, vous créez un système de développement qui vous accompagnera pendant longtemps, et non pas pendant une seule décharge NFT. Les stratégies et les cascades qui ont fonctionné une fois ne fonctionneront plus vraiment. Quoi qu'il en soit, les normes qui sous-tendent ce que vous devez faire sont solides.

Connaissez votre public. Au moment où Blake Jamieson a commencé à faire de l'artisanat de manière experte en 2016, il a incliné vers les associations qu'il avait de sa vocation passée dans le showcasing pour décider le cours de son métier. Dans sa rencontre avec CNBC, il a brillamment transféré ce que tous les annonceurs extraordinaires savent : "Qui servez-vous, et à quel problème vous attaquez-vous ?" Ayant une accumulation importante de clients dans le domaine de la technologie pour lesquels il offrait des types d'assistance en tant qu'annonceur, il y avait une chose qui se distinguait pour lui dans ces nouvelles entreprises technologiques à fort développement : Leurs lieux de travail avaient besoin d'être ombragés. C'est ainsi que son slogan est devenu "Je fais du travail pour les lieux de travail". Sa vocation a pris son envol, avec la fabrication d'une large gamme d'objets d'art pour les espaces de bureau.

Au fur et à mesure que sa clientèle se développe, il prend l'initiative de parler à son public. L'une de ces personnes était l'ancien receveur de la NFL, Jarred Fayson. Fayson a apprécié le travail de Blake et a réalisé que son style pourrait aller loin avec différents concurrents. Ainsi, Fayson a demandé à Jamieson de réaliser trois œuvres pour rien pour quelques-uns de ses compagnons concurrents, en partant du principe qu'ils feraient avancer son travail, et normalement, d'autres concurrents viendraient. Jamieson s'est confié à Fayson et a suivi son arrangement, qui a fonctionné à merveille. Jamieson a commencé à recevoir des DM de concurrents qui voyaient son travail dans les espaces de stockage de leurs partenaires. À partir de là, Jamieson a très vite changé son slogan en "Je fais de l'artisanat pour les concurrents". Son travail dans l'espace sportif a fini par être perçu par Topps, le fabricant de cartes de jeux, et Jamieson a été utilisé pour le follement fructueux Projet 2020 de Topps, une entreprise qui a amené des spécialistes de toutes les disciplines à repenser 20 cartes de baseball notables dans leur propre style. Cette même année, Jamieson s'est initié aux NFT. Muni d'informations sur son public, Jamieson s'est orienté vers la rencontre entre le Pop Art et les portraits d'athlètes et a obtenu des résultats extraordinaires jusqu'à présent dans la vente de ses NFT. Cependant, c'est le cas simplement parce qu'il a investi de l'énergie à se renseigner sur son public et à se tourner vers un travail qui le satisfait et qui répond aux attentes de son public.

Communiquez avec vos fans. Facile. Cela semble évident car ça l'est. Pourtant, d'innombrables personnes ne le font pas. Un nombre considérable d'entre nous ne se rappelle pas qu'il y a de véritables individus derrière les enregistrements qui nous suivent. Et qu'ils sont là, comme il se doit. Découvrez pourquoi et travaillez à partir de ce point. Lorsque vous connaissez votre public, vous pouvez commencer le cours d'instruction en lui enseignant à la fois la collecte de NFT et la raison pour laquelle vous vous lancez dans les NFT.

CHAPITRE 6 : ACHETER DES NFT

Nous allons voir, petit à petit, comment acheter des NFT. Nous proposerons également des procédures pour constituer un assortiment. Et surtout, nous examinerons les différentes motivations pour acheter des NFT.

Pourquoi acheter des NFT ?

Une question typique que nous entendons ressemble à ceci : "Pourquoi acheter des NFT alors qu'il est possible d'accéder à l'image ou à la vidéo d'un NFT et de la montrer sans l'obtenir ? Au cœur de cette question se trouve une affirmation de bon sens : "Pourquoi payer pour quelque chose que l'on peut obtenir pour rien ?" Mais il s'agit en fait d'une enquête sur l'innovation qui rend les NFT nouveaux et rares. Ce segment n'aborde pas les raisons mécaniques de l'achat d'un NFT, mais plutôt les raisons individuelles fondamentales. Il peut y avoir de nombreuses raisons, dont certaines sont également liées aux raisons pour lesquelles les individus achètent de l'artisanat réel. Voici quelques-unes de ces raisons :

- Signification

- Utilité

- Investissement

- Prestige

- Collection

Ces raisons ne sont pas discrètes et immanquables, et certaines d'entre elles peuvent s'appliquer à un achat NFT spécifique.

Ce qui veut dire que, comme une toile ou un autre objet, un NFT peut vous faire bouger vers l'intérieur, servir de point focal et découvrir une signification plus profonde ou un arrangement plus important. En fait, comme les NFT animés par le Cyberpunk de Beeple, ils ont un impact sur la façon dont les individus voient et ressentent l'état actuel du monde et où nous allons. Vous vous identifiez peut-être à l'artisan et à ce dont l'individu dépend ou a traversé. Leur histoire vous touche à travers leurs NFTs. Ou bien vous êtes un fan inconditionnel de Retour vers le futur, et le NFT 3D de la DeLorean avec le condensateur de transition est quelque chose que vous devez absolument avoir. Quelques types de NFTs donnent de l'utilité, par exemple, aux choses du jeu, aux noms de régions et aux terrains virtuels. Disons que vous avez besoin de donner un coup de pouce à votre véhicule dans F1 Delta Time. Essayez de mettre à jour votre transmission, par exemple, avec un NFT de transmission. À l'heure actuelle, un NFT de transmission n'a peut-être pas une grande importance, mais il pourrait avoir une utilité cruciale. La raison d'être des noms de domaine eth et .crypto, par exemple, est de fournir une utilité. Vous pouvez les utiliser à la place d'adresses de monnaie numérique extensives. Cependant, un nom de domaine blockchain peut également avoir de l'importance, car c'est une façon de s'adresser à soi-même, comme un ajustement de son moi intérieur.

Les terrains avancés, comme les terrains réels, ont également une utilité et une signification. C'est l'endroit où vous pouvez fabriquer et vivre, dans une zone spécifique que vous appréciez.

Spéculation

Une autre question nous est posée aussi souvent que possible : "Les NFT sont-ils une spéculation judicieuse ?". Nous n'offrons pas de conseils monétaires, mais nous allons donner notre point de vue. Si l'on admet que les NFT sont actuellement dans une phase de démarrage et qu'elles seront la prochaine grande nouveauté, alors, à ce moment-là, les NFT semblent être un intérêt sage dans l'ensemble. Cependant, vous ne pouvez pas investir dans les NFT "globalement", mais uniquement dans des NFT explicites. Quoi qu'il en soit, si vous achetez des NFT pour spéculer, quels seraient les NFT acceptables dans lesquels vous pourriez contribuer ?

La réponse appropriée dépend de vos objectifs de spéculation. Comme dans le monde de l'artisanat, les œuvres de spécialistes établis et notables suscitent de l'intérêt et ne manqueront pas d'être plus appréciées que celles d'un artisan obscur. Néanmoins, si un artisan inconnu explose, l'augmentation de sa valeur peut être considérable. C'est une question de risque et de récompense. Rappelez-vous que, dans l'ensemble, l'intérêt pour l'artisanat et les NFT est hasardeux. Avec les spécialistes de la mise en place, vous répartissez d'énormes quantités d'argent, et c'est là que le danger entre en jeu. À long terme, l'objet d'art ou le NFT pourrait valoir communément votre spéculation. Par exemple, le NFT Beeple's Crossroads a été acheté en décembre 2020 pour 66 666 dollars et échangé deux mois plus tard pour 6,6 millions de dollars.

Il n'y a évidemment aucune garantie que le travail d'un artisan installé rapportera un rendement exceptionnel. À vrai dire, la valeur peut baisser. Pourtant, pour un artisan installateur, la baisse ne serait idéalement pas critique. Si l'on se réfère à l'article " Pourquoi les NFT ont de la valeur ", il y a un risque supplémentaire que l'on découvre que le véritable artisan est un faux. À l'autre extrémité de la condition d'entreprise se trouve la théorie. C'est là que vous achetez des œuvres d'artisans obscurs ou moins connus, ou de créateurs de NFT, en espérant que l'artisan s'envole avec les coûts de ses œuvres juste derrière. Comme les NFT d'artisans moins connus sont généralement plus abordables, vous avez la possibilité de différencier votre danger parmi de nombreux spécialistes. Si l'un d'entre eux réussit, vous pourrez obtenir un rendement considérable, compte tenu de tous vos projets de NFT. Certaines personnes aiment mettre des ressources dans des NFT à collectionner. Par exemple, ils achètent différents packs NBA Top Shot en espérant décrocher LeBron James ou une autre grande star, puis vendent le NFT d'appel sur le centre commercial auxiliaire pour un rendement décent. Par exemple, en avril 2021, un deuxième NFT de LeBron James NBA Top Shot d'un dunk concernant Kobe Bryant s'est vendu 387 600 dollars. L'un des avantages de consacrer des ressources aux NFT, et à la fabrication en règle générale, est que vous êtes prêt à participer aux NFT que vous avez achetés, en particulier dans le cas où ils ont de l'importance pour vous.

Renommée

Soyons honnêtes, beaucoup d'individus aiment s'afficher, et il n'y a rien de mal à cela. Acheter et montrer des objets artisanaux et des NFT est une façon extraordinaire de le faire. Lazy.com est un site travaillé pour cette raison. Vous pouvez y exposer votre assortiment de NFT. Les particuliers peuvent également rechercher votre nom ou votre adresse Ethereum sur l'un des centres commerciaux et voir votre assortiment là aussi. Les NFT sont basés sur la blockchain, et les blockchains ont été conçues pour être simples. C'est ainsi, en quelque sorte, que l'on s'attendait à ce que les NFT soient exhibés.

Collecte

Nous avons déjà abordé la question de la collecte pour les NFT de fabrication. Quoi qu'il en soit, les NFT à collectionner sont également en plein essor. Nous en avons parlé au chapitre 2, " Que sont les NFT ? ". Les gens aiment se rassembler. Qui plus est, les NFT sont amusants et simples (lorsque vous êtes sur la blockchain) à rassembler. Des CryptoKitties aux Top Shot de la NBA en passant par les Garbage Pail Kids, il existe des quantités énormes de NFT à collectionner.

Acheter des NFT

Cette partie présente un manuel détaillé pour l'achat de NFT. Comme dans les sections précédentes, nous continuerons à utiliser OpenSea comme aide, essentiellement parce que vous êtes déjà enregistré et que votre portefeuille MetaMask est associé. Pour acheter un NFT, vous devez d'abord observer celui que vous souhaitez acheter.

Découverte d'un NFT à acheter

Pour découvrir un NFT à acheter, il faut d'abord se demander pourquoi vous achetez un NFT. Voir le segment précédent, "Pourquoi acheter des NFT ?" Il se peut que vous n'ayez pas d'explication spécifique autre que de tenter l'expérience, et c'est très bien ainsi. Pourtant, il y a probablement un type de NFT vers lequel vous êtes vraiment enclin à vous diriger. Si ce n'est pas le cas, il y en a beaucoup à parcourir jusqu'à ce que quelque chose attire votre attention (ou votre cœur).

La page d'accueil d'OpenSea est un bon point de départ. Vous y découvrirez des segments pour des gouttes sélectionnées et des assortiments mobiles, ou vous pouvez parcourir par classe. Les classifications actuellement enregistrées sur OpenSea sont les suivantes :

- Art

- Musique

- Noms de domaine

- Mondes virtuels

- Cartes à échanger

- Collections

- Sports

- Utilitaires

- Tous les NFT

Le dernier classement, Tous les NFTs, est, fondamentalement, sans classe, au cas où vous préféreriez vraiment tout consulter. Il existe également une barre de recherche sur la page d'accueil d'OpenSea, qui vous permet d'accéder aux informations les plus importantes. Lorsque vous avez découvert un NFT qui vous intéresse, vous devez savoir comment il est enregistré pour être acheté.

Méthodes d'achat des NFT

Vendre des NFT, il existe trois manières de le faire :

- Laisser la porte ouverte aux offres.

- Fixer un prix.

- Lancer une vente.

Nous allons voir comment acheter des NFT pour chaque technique d'affichage.

Les NFT laissés ouverts aux offres. Si le NFT que vous souhaitez acheter est ouvert aux offres, vous pouvez essentiellement conclure un accord. Quoi qu'il en soit, vous devez d'abord suivre quelques étapes.

1. Sur la page du NFT sur OpenSea, cliquez sur le bouton Faire une offre dans la zone des offres. La fenêtre de présentation de l'offre s'affiche. Pour l'instant, vous ne pouvez faire des offres qu'en WETH, DAI, et USDC. DAI et USDC sont des monnaies stables destinées à être fixées au dollar américain. Notez que vous ne pouvez pas utiliser l'ETH pour faire une transaction. WETH est Wrapped Ethereum, un jeton dont la valeur est similaire à celle d'Ethereum (ETH). La raison pour laquelle OpenSea utilise WETH plutôt que ETH est que WETH a une plus grande utilité. Par exemple, si vous utilisiez l'ETH pour faire des offres et que vous deviez offrir 1 ETH sur cinq NFT différents, vous auriez besoin d'un total de 5 ETH, un pour chaque NFT. Avec le WETH, en supposant que vous deviez offrir 1 WETH sur cinq NFT distincts, vous n'auriez besoin que de 1 WETH, et non de 5. Dans cette situation, vos WETH iront à l'offre primaire qui est reconnue, et vos quatre offres différentes seront par conséquent abandonnées, sauf s'il ne vous reste pas moins de 1 WETH dans votre portefeuille pour les couvrir. Dans cette optique, l'avantage des WETH est que vous pouvez faire des offres sur de nombreux NFTs avec une quantité simplement limitée.

2. Si vous n'avez pas de WETH dans votre portefeuille, cliquez sur le bouton Convertir ETH dans la fenêtre Faire une offre. Dans le cas où vous avez des WETH (ou DAI ou USDC), passez à l'étape 3.

Dans le menu déroulant Convertir WETH, cliquez sur le bouton Sélectionner un symbole. Ensuite, à ce stade, sélectionnez ETH ou un autre jeton dans votre portefeuille que vous souhaitez convertir en WETH. Entrez la mesure d'ETH (ou une autre monnaie cryptographique que vous avez choisie) que vous préférez changer en WETH. Nous ne recommandons pas de convertir la totalité de votre ETH en WETH, car vous aurez besoin d'un peu d'ETH pour l'essence. C'est toujours une bonne idée de garder un peu d'ETH dans votre portefeuille car personne ne peut dire quand vous en aurez besoin pour faire le plein. De même, la plupart des NFT d'OpenSea ayant un coût correct sont estimés en ETH, donc dans le cas où vous préféreriez plus tard acheter un NFT avec une valeur décente, vous devriez garder un peu d'ETH pour cela aussi. Après avoir entré la somme à convertir en WETH, cliquez sur le bouton Wrap. Votre portefeuille MetaMask va s'ouvrir. Si ce n'est pas le cas, ouvrez votre portefeuille MetaMask. Vous devrez payer une charge de gaz pour changer votre ETH (ou une autre monnaie numérique que vous avez choisie) en WETH. Cliquez sur le bouton Confirmer dans votre portefeuille MetaMask. L'échange va probablement durer quelques minutes (ou quelques minutes). Une fois l'échange terminé (confirmé par l'organisation Ethereum), fermez la fenêtre Convertir WETH.

3. Sur la page du NFT, cliquez sur le bouton Faire une offre. Dans le fenêtre Faire une offre, entrez la quantité de WETH que vous souhaitez offrir. Il est clair que vous devez offrir plus que l'offre actuelle. Ensuite, sélectionnez le délai d'expiration de l'offre, qui

correspond à la période pendant laquelle vous souhaitez que votre proposition soit ouverte et à l'heure à laquelle elle prendra fin (le dernier jour où votre offre est accessible). Le délai d'expiration de l'offre dépend vraiment de vous. Il n'y a pas de mal à garder votre offre ouverte pendant un certain temps. Notez simplement qu'en supposant que vous préfériez abandonner votre proposition avant qu'elle n'expire, vous devrez payer des frais de gaz. Au moment où vous êtes prêt, cliquez sur le bouton Faire une offre. Votre portefeuille MetaMask va s'ouvrir. Si ce n'est pas le cas, ouvrez votre portefeuille MetaMask. Cliquez sur le bouton Signer dans votre portefeuille MetaMask. Il n'y a pas de frais - vous marquez essentiellement. Votre transaction devrait maintenant apparaître dans le segment Listing de la page du NFT. Vous pouvez abandonner la proposition à tout moment en appuyant sur le bouton Annuler associé à votre proposition. Votre portefeuille MetaMask va s'ouvrir. Si ce n'est pas le cas, ouvrez votre portefeuille MetaMask. Comme indiqué, vous devrez payer des frais d'essence. Cliquez sur le bouton Confirmer dans votre portefeuille MetaMask pour payer les frais d'essence et abandonner l'affaire. Ou bien cliquez sur le bouton Rejeter dans le cas où vous choisissez de ne pas payer les frais d'essence et de maintenir l'accord sans faille. Si le croupier accepte votre proposition, la transaction est terminée. Votre WETH (le montant de l'offre) sera expédié au commerçant, et le NFT vous sera expédié. Notez que dans la circonstance actuelle (sur OpenSea), lorsque le marchand reconnaît une transaction, le vendeur paiera le gaz pour l'échange commercial.

NFTs avec un prix fixe. Si le NFT que vous souhaitez acheter a une valeur fixe, vous pouvez en principe accepter ce prix. Dans le cas où vous pensez que le coût est excessivement élevé, vous pouvez faire une proposition pour moins. Il suffit de suivre les moyens du segment précédent. Pour reconnaître la valeur, cliquez sur le bouton Acheter maintenant. Dans la fenêtre "Checkout", cliquez sur le bouton "Checkout". Votre portefeuille MetaMask va s'ouvrir. Si ce n'est pas le cas, ouvrez votre portefeuille MetaMask. Vous devriez confirmer l'échange, qui comprend une charge de gaz. Notez que sur OpenSea, lorsqu'un acheteur reconnaît une valeur fixe, il paie les frais de gaz. Si l'échange semble parfait, cliquez sur le bouton Confirmer dans votre portefeuille MetaMask. Dans tous les cas, cliquez sur le bouton Rejeter pour abandonner l'échange. Vous serez dirigé vers une page indiquant que votre échange a commencé et que "Le réseau Ethereum gère votre échange, ce qui peut prendre un peu de temps." Cette page peut vous demander votre adresse électronique et votre épithète, au cas où vous ne les auriez pas effectivement configurés dans les paramètres de votre profil. Saisissez une adresse électronique et une épithète. Notez que vous ne pouvez pas avoir une épithète similaire à celle d'un autre client OpenSea. Puis, à ce moment-là, cliquez sur le bouton Enregistrer. Votre portefeuille MetaMask s'ouvrira. Cliquez sur le bouton Signer pour vous connecter à votre compte OpenSea.

OpenSea peut alors vous envoyer un email pour vérifier votre adresse email. Cliquez sur le bouton " Vérifier mon email " dans l'email envoyé. OpenSea vous enverra un email lorsque le réseau Ethereum aura confirmé votre échange. Ensuite, à ce moment-là, vous voudrez effectivement voir votre nouveau NFT pour votre page. NFTs aux enchères. Cette partie concerne les NFTs vendus par la vente anglaise. Le segment précédent s'applique également aux NFT qui sont vendus par la vente néerlandaise. Si vous souhaitez faire une offre sur un NFT en vente, cliquez sur le bouton Placer une offre. Le ressort "Placez une offre" apparaîtra. Vous aurez peut-être la possibilité de faire une offre dans la monnaie numérique avec laquelle le NFT est déchargé (généralement WETH). Pour plus d'informations sur le WETH et sur la manière de convertir les ETH en WETH, reportez-vous au segment précédent "NFTs laissés ouverts aux offres". Le montant de votre offre doit être supérieur à l'offre actuelle la plus élevée. Dans le cas où vous avez besoin de plus d'actifs pour faire une offre suffisamment élevée, vous devez ajouter des actifs à votre portefeuille MetaMask. Dans la fenêtre " Faire une offre ", saisissez la quantité de monnaie numérique que vous souhaitez offrir, puis cliquez sur le bouton " Faire une offre ". Votre portefeuille MetaMask s'ouvrira. Si ce n'est pas le cas, ouvrez votre portefeuille MetaMask. Cliquez sur Signer dans votre portefeuille MetaMask pour procéder à la proposition. Notez que l'acheteur d'un NFT vendu par sell off (liquidation anglaise) ne sera pas responsable d'une charge de gaz. Vous verrez votre proposition sur la page du NFT dans le segment Offres. Votre proposition sera ouverte pendant sept jours. Vous pouvez abandonner votre proposition à tout moment, mais vous devrez payer des frais de gaz pour le faire. Si votre proposition est la plus élevée à la clôture de l'échange et que votre transaction est supérieure ou équivalente à la valeur de maintien, OpenSea terminera naturellement l'échange. Notez que le dealer peut accuser réception de votre proposition à tout moment, sans tenir compte du moment où le troc est censé se terminer.

Constitution d'une collection NFT

Nous nous rassemblons pour toutes sortes de raisons, qu'il s'agisse de l'énergie de la jeunesse ressuscitée, du soutien aux fabricants, de l'excitation de la chasse, du style ou sans aucune raison particulière. Nous ne pouvons pas écouter une minute pour rassembler ou pourquoi vous devriez le faire. C'est votre argent. En outre, si quelque chose attire simplement votre attention, laissez tout sortir. Il ne fait aucun doute, cependant, que vous êtes intéressé par les NFT, et peut-être vous attendez-vous à rapporter de l'argent avec eux.

Soyez prudent, car la théorie du plus grand fou peut tout influencer sur le marché des NFT. La théorie du plus grand fou veut que les coûts augmentent non pas en raison d'une augmentation de la valeur de la chose, mais essentiellement parce que des personnes peuvent offrir une chose surévaluée à un "idiot plus remarquable". Il importe peu que la spéculation soit indubitablement exagérée, dans la mesure où il y a une autre personne qui l'obtiendra de vous. De plus, il est évident que vous préférez ne pas être le dernier individu à rester avec la spéculation lorsqu'il ne restera plus d'imbéciles dignes de ce nom. Pour la grande majorité des NFT, nous acceptons que la théorie du plus grand fou se concrétise. Quoi qu'il en soit, cela ne veut pas dire que tous les NFT tomberont dans ce piège. Certains artisans s'établiront vraiment et seront profondément poursuivis pour leur travail, et certaines activités NFT auront une utilité convaincante et apporteront à la société quelque chose dont elle a besoin.

En aucune façon, nous ne pourrions vous dire précisément de quelles NFT il s'agit. Nous pouvons, en tout cas, vous proposer quelques méthodologies de collecte qui pourraient vous placer dans une situation supérieure pour progresser.

Rassemblez comme un Angel Investisseur

Il peut être très séduisant de regrouper toutes ses ressources en un seul endroit avec des NFT et de tout miser sur une seule entreprise, en particulier lorsqu'il y a une tonne de publicité et de demandes autour d'elle aujourd'hui. Quoi qu'il en soit, le risque est que personne ne sache vraiment qui sera là tôt ou tard. C'est la raison pour laquelle il est judicieux de contribuer comme un bailleur de fonds privé ou une réserve d'investissement. Ils sont connus pour prendre des tas de paris sur des organisations naissantes. S'ils s'intéressent à la protection basée sur les applications, ils parviennent à mettre des ressources dans quelques organisations qui construisent cet avenir. De plus, même s'ils ne peuvent pas investir dans de nombreuses entreprises fabriquant un secteur spécifique, ils font de nombreuses spéculations sur quelques verticales uniques. L'élargissement n'offre pas seulement une ouverture à des tas de possibilités différentes, mais il diminue également le risque. Il suffit d'une seule de ces entreprises pour couvrir les malheurs de différentes spéculations, c'est le moins que l'on puisse dire.

C'est essayer de choisir aujourd'hui les NFT qui seront vainqueurs demain. Cela ne signifie pas qu'il n'y a pas de choses à rechercher dans une tâche.

Percevez et reconnaissez que tous les créateurs de NFT rencontreront des difficultés. Quelque chose se produit dans la vie qui détourne leur attention de leur spécialité. L'entreprise peut se retrouver à court d'argent et cesser de créer des rencontres et des NFT supplémentaires. Leur portefeuille pourrait être piraté, et leurs NFTs diffusés. Des copieurs peuvent s'approprier une partie des intérêts ou, plus grave encore, commencer à vendre des contrefaçons (ce qui arrive plus souvent qu'on ne l'imagine).

Quoi qu'il en soit, vous obtenez une œuvre d'art cool qui vous a touché d'une manière ou d'une autre, que sa valeur baisse ou non. C'est la raison pour laquelle nous vous suggérons de rassembler des NFT que vous êtes tout à fait d'accord de ne jamais faire exploser en estime. Soyez avant tout un appréciateur de NFT. Si vous êtes énergique à l'égard des NFT que vous recueillez et que vous pouvez expliquer de manière adéquate pourquoi vous vous lancez dans une entreprise, les autres seront sensibles à vos intentions.

Par conséquent, nous acceptons que ce moment est l'occasion de faire un personnage pour ce que vous rassemblez.

Avoir une identité de collectionneur

Nous n'en sommes pas encore au stade où les individus sont ultra-sélectifs dans leur façon de gérer leurs assortiments. La plupart d'entre eux sont simplement à la recherche d'argent, ce qui se reflète dans le fatras de NFT que l'on trouve dans les assortiments d'un grand nombre de personnes.

Quoi qu'il en soit, ce dont beaucoup de gens ne parlent pas en ce moment, c'est que tout le monde peut se faire un nom en tant que collectionneur de NFT - par le biais de l'obtention de longs métrages, d'achats gigantesques de NFT, mais plutôt par la façon dont ils gèrent leur assortiment de NFT et le caractère qu'ils créent autour de ce qu'ils rassemblent. Il se peut que vous ne rassembliez que des films. Il est possible que ce soit des NFTs verts. Peut-être aimez-vous structurer un assortiment totalement composé des principaux NFT que les individus produisent. NFTs satiriques, NFTs qui aident une cause, NFTs Pop Art - il y a tellement d'éléments spéciaux autour desquels vous pouvez planifier votre personnalité de rassemblement. Si vous développez l'histoire monétaire précédente, en vous rassemblant comme un bailleur de fonds privé, vous pouvez organiser votre assortiment de NFT de la même manière qu'un actif échangé (ETF) est conçu autour d'une classe de ressources ou d'un sujet spécifique. Les ETF sont une sorte de magasin de spéculation qui regroupe des ressources, comme des actions, des obligations, des normes monétaires ou des marchandises, en une ressource que vous pouvez acheter ou vendre sur un marché boursier. Les ETF sont généralement liés aux ressources qu'ils détiennent. Par exemple, le SPDR S&P 600 Small Cap Growth ETF vous donne accès à 600 organisations à fort potentiel de développement. Le ETF IPAY détient quelques actions du secteur de la préparation des paiements et des paiements informatisés, comme Visa, MasterCard, PayPal et Square. Vous pouvez faire de même avec votre assortiment NFT, en travaillant autour d'un sujet.. Comme pour les ETF, cette méthode de constitution d'une gamme vous offre la variété de spéculations dont nous avons parlé précédemment, tout en vous forgeant une réputation d'autorité particulière.

Tout bien considéré, le principal modèle que nous avons vu de ces personnages d'autorité serait les marchands de terrains virtuels qui achètent et vendent des terrains dans des jeux blockchain comme The Sandbox, Decentraland et Axie Infinity. Cela implique qu'il y a suffisamment de possibilités de faire cela dans différentes classes de NFT. Il n'est pas nécessaire de planifier un mode de vie en tant qu'autorité. Néanmoins, nous pensons que c'est la façon dont la collecte de NFT va progresser au cours de la prochaine décennie, en particulier chaque fois que vous contemplez les chances et les hausses de revenus que vous pouvez tirer de ce caractère. Que vous deveniez un gardien d'étalage avancé, que vous assembliez un continuateur dans votre classe de spécialité pour former de nouveaux artisans NFT, ou toute autre opportunité de marquage que nous ne pouvons pas envisager à l'heure actuelle. De plus, il serait vraiment cool d'avoir la possibilité de dire que vous êtes le plus ancien ou la plus grande autorité de la classe X, Y, ou Z des NFTs.

N'oubliez pas qu'en supposant que vous achetiez votre premier NFT aujourd'hui, vous ferez partie du premier million d'autorités NFT. Cela implique quelque chose. Les premiers millions d'individus sur Twitter ont eu une tonne de libertés pour construire un après avant que chaque autre personne ne les atteigne. Les premiers millions d'utilisateurs d'Instagram, alors qu'il s'agissait essentiellement d'une application de partage de photos, ont pu lancer des projets et faire des choses que personne d'autre ne faisait. Être un collecteur précoce de NFT vous donne des ouvertures que les autorités ultérieures n'auront pas.

Par exemple, nous admettons qu'à l'avenir, être capable de fournir un assortiment merveilleux sera une activité à part entière. Dans quelques années, les autorités NFT qui préféreront ne pas se donner la peine d'enquêter et de choisir les NFT à collecter achèteront l'ensemble de l'assortiment d'un individu, ce qui sera un moyen simple de commencer à travailler. Plutôt que de chercher des NFT sur le marché optionnel, ils découvriront essentiellement l'assortiment de quelqu'un qui leur plaît et lui achèteront l'ensemble de son portefeuille, comme on achète à des enfants des jeux complets de Pokémon, Yu-Gi-Oh ou Magic : The Gathering deck. Imprimez nos mots ; cela se produira avec les NFTs, particulièrement en considérant que ce sera un validateur social d'avoir un portefeuille avec des échanges remontant jusqu'à 2021, 2020, ou bien avant.

Tout le monde ne peut pas être l'une des baleines NFT, comme WhaleShark ou Metakoven. Cependant, vous pouvez devenir célèbre en tant qu'autorité de diverses manières. De plus, un moyen extraordinaire d'expérimenter les choses est d'utiliser des NFT gratuits.

CONCLUSION

Nous avons examiné les NFT en tant que merveille émergente et évalué les NFT en tant que bloc de structure centrale pour un cadre de marquage d'occasion basé sur la blockchain. Nous avons suivi une approche scientifique de planification dépendant des règles et avons favorisé de manière itérative un modèle. Grâce à la méthode la plus courante de planification, de construction et d'évaluation du modèle basé sur les NFT, nous avons eu la possibilité de faire quelques découvertes importantes concernant les avantages et les difficultés de cette nouvelle sorte de symbole. Nous avons constaté que les NFT peuvent aider à pallier les lacunes actuelles des cadres de marquage d'événements non-blockchain existants, comme l'impuissance aux fausses déclarations, l'absence d'autorité sur les échanges du marché auxiliaire et l'approbation de la possession. En outre, nos découvertes démontrent que l'utilisation des NFTs représente actuellement quelques difficultés, généralement acquises de la convention blockchain cachée. Puisque nous avons montré que des travaux sur les réponses à ces difficultés sont actuellement en cours, nous proposons un examen plus approfondi pour réévaluer l'état de ces difficultés prochainement.

Avant de présenter les engagements de notre examen, nous devons réfléchir à ses restrictions. Pour commencer, en considérant un cas d'utilisation particulier de manière exhaustive et en suivant un cycle d'examen approfondi pour en tirer des ramifications généralisables, nous avons pu passer à côté d'expériences spécifiques qui auraient pu être trouvées dans différents cas d'utilisation. Le cas d'utilisation lui-même est limité à un modèle de besoins sans équivoque pour un cadre d'étiquetage d'occasion et n'englobe pas de manière exhaustive le travail de différents partenaires et cycles connexes. Nos décisions d'ingénierie pourraient limiter davantage la généralisation. Deuxièmement, malgré nos efforts pour résoudre les questions de l'expérience du client, des ramifications légales ainsi que des dangers spécialisés et fonctionnels, nous reconnaissons que notre travail est limité dans cette étude. Pour mieux comprendre la reconnaissance par les clients d'un cadre dépendant des NFT, nous proposons donc des examens réciproques sur d'autres cas d'utilisation des NFT, en intégrant un large champ d'exploration de différentes pistes concernant les clients du commerce de détail et les spécialistes légitimes comme éléments clés. Par la suite, nos découvertes ne doivent être considérées que comme une étape fondamentale vers une meilleure compréhension hypothétique et sensée des NFT.

En dépit de ces contraintes, notre étude est l'un des principaux efforts logiques pour répondre à la question de savoir si les NFT sont utiles et comment elles peuvent aider à travailler sur les cadres existants dans des domaines réels. Les expériences significatives que nous créons pour les experts sont triples : Premièrement, nous présentons les contrastes entre les NFT et les jetons fongibles et nous donnons les meilleures pratiques pour le déroulement et l'évaluation des cadres utilisant les NFT. Deuxièmement, nous montrons l'utilité des NFT dans le cas de l'utilisation de billets d'entrée pour des événements et nous en apportons la preuve par le développement grâce à l'exécution efficace d'un modèle fonctionnel. Troisièmement, nous exposons les résultats de son utilisation et présentons des difficultés raisonnables. Malgré ces expériences utiles, nous ajoutons des informations éclairantes à un nouveau domaine d'étude où les recherches logiques sont rares. Nous élargissons et complétons les examens existants dans les écrits sur l'innovation blockchain en ajoutant de nouvelles approches de meilleures pratiques sur la méthode la plus efficace pour fabriquer et évaluer un cadre basé sur la blockchain en utilisant DSR. Enfin, notre étude sert de base à de futures explorations hypothétiques et pragmatiques sur les NFT, et permet à différents analystes de s'inspirer de ses découvertes et de ses normes de planification, et de jeter les bases de l'avancement d'hypothèses plus élevées.